CONTABILIDADE FUNDAMENTAL

CLEÔNIMO DOS SANTOS é bacharel em Ciências Contábeis, com MBA em Controladoria Estratégica. Professor universitário em cursos de graduação e pós-graduação. Assessor e consultor de empresas em matéria de Imposto de Renda e Contabilidade.

É autor dos livros:

- *Auditoria Fiscal e Tributária.*
Depreciação de Bens do Ativo Imobilizado.
- *Quanto Vale sua Empresa.*
- *PIS E COFINS: como calcular e recolher.*
- *Contribuição Social Sobre o Lucro – Cálculo, Apuração e Recolhimento*
- *Normas Contábeis na Prática – Um Guia para o dia a dia das empresas.*
- *Contabilidade Fundamental.*
- *Principais Providências para Fechamento de Balanço.*
- *Auditoria Contábil.*
- *Análise financeira e orçamentária.*
- *Contabilidade Fundamental.*
- *Exame de Suficiência em Contabilidade.*
- *Fechamento de Balanço – Teoria e Prática.*
- *Manual da Demonstração dos Fluxos de Caixa.*
- *Manual das Demonstrações Contábeis.*
- *Contabilidade na Atividade Imobiliária.*
- *Estrutura e Análise de Balanços.*
- *Plano de contas: Uma abordagem prática.*
- *Simples Nacional.*

Cleônimo dos Santos

CONTABILIDADE FUNDAMENTAL

2ª EDIÇÃO

Freitas Bastos Editora

Direitos exclusivos da edição e distribuição em língua portuguesa:

Maria Augusta Delgado Livraria, Distribuidora e Editora

Editor: *Isaac D. Abulafia*
Revisão *Madalena Moisés*
Capa e Diagramação: *Jair Domingos de Sousa*

DADOS INTERNACIONAIS PARA CATALOGAÇÃO
NA PUBLICAÇÃO (CIP)

S237c
Santos, Cleônimo dos
Contabilidade avançada e tributária / Cleônimo dos Santos. -
2. ed. - Rio de Janeiro: Freitas Bastos, 2019.

190 p.; 23 cm.

Inclui apêndice.

ISBN: 978-85-7987-345-4

1. Contabilidade. 2. Contabilidade Fundamental. I. Título.

2019-121 CDD 657 CDU 657

Freitas Bastos Editora

Tel. (21) 2276-4500
freitasbastos@freitasbastos.com
vendas@freitasbastos.com
www. freitasbastos.com

PREFÁCIO À 2ª EDIÇÃO

Nos últimos anos, tivemos uma série de publicações voltadas para a área contábil. Mas o que se tem percebido é que esse vasto material tem cada vez mais se distanciado daqueles que estão iniciando na profissão contábil ou que, por necessidade do cargo exercido, precisam recorrer às informações contábeis no seu dia a dia.

Pensando nisso, o livro Contabilidade Fundamental vem ocupar esse vácuo, levando ao leitor, de forma simples e objetiva, os conhecimentos básicos para que se possa entender e aplicar a contabilidade nas empresas e, também, utilizar as informações geradas de forma racional e produtiva.

Portanto, o objetivo da presente obra é o de preencher uma lacuna existente hoje no mercado editorial voltado para a área contábil auxiliando aqueles que necessitam entender as informações geradas e àqueles que querem conhecer essa ciência que a cada dia que passa torna-se mais importante.

Em suma, a obra oferece um moderno guia de aplicação de contabilidade para iniciantes e para aqueles que desejam reciclar ou rever conceitos, enfatizando ao leitor os desafios impostos pela contabilidade.

A obra também traz capítulo específico que trata, de forma sucinta, sobre a tributação das pessoas jurídicas.

O autor

Entre em contato com o autor: cleonimo@hotmail.com

SUMÁRIO

Capítulo 3

Capítulo 4

Capítulo 1

LEGALIZAÇÃO DAS EMPRESAS

Antes de entrarmos nos aspectos contábeis propriamente ditos, cabe aqui comentarmos sobre a constituição das empresas, tendo em vista que a contabilidade foi criada e existe, basicamente, para atender às necessidades empresariais.

Neste capítulo, discorremos sobre os aspectos básicos que envolvem a constituição e legalização, seja de uma sociedade, seja de uma firma individual.

1. "NASCIMENTO" DA EMPRESA

A exemplo do que acontece com as pessoas físicas, a existência de fato da empresa ocorre com o seu "registro de nascimento". O que chamo aqui de "registro de nascimento" para as empresas nada mais é do que o seu contrato social ou estatuto, em se tratando de sociedade anônima. O registro se dará na Junta comercial ou no Cartório de Registro Civil das Pessoas Jurídicas, conforme o caso.

É esse documento quem dita as regras que vão conduzir a empresa ao longo da e as premissas básicas de sua existência, tais como nome empresarial, objeto social, endereço, capital social e sócios.

2. REGISTRO PERANTE A RECEITA FEDERAL (CNPJ)

Constituída a empresa mediante seu registro na Junta Comercial ou no Cartório de Registro Civil das Pessoas Jurídicas, o próximo passo a ser seguido é fazer a legalização da empresa perante a Secretaria da Receita Federal do Brasil.

Essa legalização se dá mediante registro da empresa no Cadastro Nacional da Pessoa Jurídica (CNPJ), no próprio *site* da Receita Federal do Brasil, em <http://www.receita.fazenda.gov.br>.

O CNPJ compreende a prestação de informações cadastrais ao Fisco.

2.1 Documentos básicos obrigatórios em qualquer pedido perante o CNPJ

São documentos a serem apresentados por ocasião do registro da empresa no CNPJ:

a) FCPJ – Ficha Cadastral da Pessoa Jurídica, que poderá ser preenchida via PGD – *download* e transmitida exclusivamente pela Internet por meio do Programa Receitanet, ou preenchida diretamente no sítio da Secretaria da Receita Federal do Brasil (RFB) http://www.receita.fazenda.gov.br, por meio do Aplicativo de Coleta Web. A FCPJ deverá ser acompanhada do QSA (no caso de sociedades);
b) Quadro de Sócios e Administradores (QSA);
c) Ficha Específica, de interesse do órgão convenente: e
d) Documento Básico de Entrada do CNPJ (DBE) ou Protocolo de Transmissão, conforme modelos constantes dos Anexos I E II da IN RFB nº 1863/2018.

2.2 Procedimento da empresa para obtenção do CNPJ

As solicitações dos atos para obtenção do CNPJ dar-se-ão por meio de FCPJ, de QSA preenchido com a qualificação constante da Tabela de Natureza Jurídica e Qualificação do Quadro de Sócios e Administradores (Anexo V da IN RFB Nº 1863/20181, caso de estabelecimento matriz de entidade, e de Ficha Específica, quando a requerente estiver localizada em unidade federada ou município conveniado, gerados pelo Programa CNPJ, ou por meio de outro aplicativo aprovado pela RFB.

2.3 Transmissão da solicitação de inscrição no CNPJ

Para efetuar a transmissão de sua solicitação via Internet, o contribuinte deverá adotar os seguintes procedimentos:

a) o contribuinte deverá ter instalado em sua estação de trabalho o Programa Gerador de Documentos do CNPJ (PGD CNPJ) – e o aplicativo ReceitaNet;
b) o PGD do CNPJ deverá ser usado para preencher os dados relativos ao pedido;
c) após gravar no disco rígido por meio da opção "Gravar Para Entrega à RFB" no menu "Documentos", o contribuinte deverá transmitir os dados, selecionando a opção "Transmitir via Internet", no mesmo menu, ou clicando no ícone respectivo na barra de ferramentas. Nesse momento, aparecerá a tela principal do ReceitaNet. Acionar o botão "Enviar". A transmissão somente será possível se a estação de trabalho tiver conectada à Internet e estiver sido instalado o Programa ReceitaNet. Os dados enviados serão armazenados em um servidor da RFB que funcionará como uma base temporária;
d) a transmissão efetuada com sucesso ensejará a gravação do Recibo de Entrega. O recibo de entrega deverá ser impresso, em uma via, através da opção "Imprimir" do PGD do CNPJ.
e) o número constante do recibo de entrega (número do recibo / número de identificação) servirá como código de acesso, que permitirá ao contribuinte consultar o andamento do seu pedido na página da RFB na Internet, opção "Consulta da Situação do Pedido de CNPJ enviado pela Internet". Num primeiro momento, o sistema realizará automaticamente pesquisa prévia que resultará em pendências ou não. Havendo pendências, estas serão disponibilizadas ao contribuinte na Internet, para consulta, impressão e resolução. Não havendo pendências, disponibilizará para impressão o Documento Básico de Entrada no CNPJ (DBE) ou Protocolo de Transmissão, o qual conterá o número do recibo/número de identificação, e informará o endereço da unidade cadastradora para onde o contribuinte deverá encaminhar a documentação necessária (DBE com firma reconhecida ou Protocolo de Transmissão e, se for o caso, cópia autenticada do ato constitutivo / alterador / deliberativo).

2.4 – Como formalizar a solicitação

A solicitação feita pela empresa será formalizada:

a) pela remessa, por via postal, pela entrega direta ou por outro meio aprovado pela RFB, à unidade cadastradora de jurisdição do estabelecimento, do DBE ou do Protocolo de Transmissão e de cópia autenticada do ato constitutivo, alterador ou extintivo da entidade, devidamente registrado no órgão competente, observada a tabela de Documentos e Orientações constante do Anexo XIII da IN RFB nº 1863/2018; ou
b) pela entrega direta da documentação solicitada para a prática do ato no órgão de registro que celebrou convênio com a RFB, acompanhada do DBE ou do Protocolo de Transmissão.

Nota-se que a solicitação será cancelada automaticamente no caso de descumprimento do prazo, de 90 (noventa) dias para impressão e respectivo envio ou entrega da documentação, estabelecido no § 4º do artigo 15 da IN RFB nº 1863/2018;

Nota

É importante observar que na solicitação de inscrição do Microempreendedor Individual (MEI), definido pelo § 1º do art. 18-A da Lei Complementar nº 123, de 14 de dezembro de 2006, será dispensada a apresentação do DBE e do Protocolo de Transmissão. A Inscrição do Microempreendedor Individual será realizada exclusivamente através da sua formalização no Portal do Empreendedor (www.portaldoempreendedor.gov.br).

3. REGISTRO PERANTE A SECRETARIA DE FAZENDA ESTADUAL

A Inscrição Estadual é o número de registro das pessoas jurídicas no Estado onde estão localizadas.

A Inscrição Estadual é obrigatória para a indústria e serviços de transporte intermunicipal e interestadual, empresas dos setores do comércio, os serviços de comunicação e energia.

De acordo comas informações disponíveis no *site* da Receita Federal, em <https://www16.receita.fazenda.gov.br/cadsinc/area-do-cidadao/procedimentos/> consulta feita em 08.01.2019), os passos para inscrição/alteração/baixa no Cadastro Sincronizado Nacional são os mesmos adotados atualmente pelo CNPJ. São eles, conforme o referido *site*:

1º Passo: o cidadão utiliza o aplicativo de coleta de dados/informações para inscrição/alteração/baixa da pessoa jurídica ou demais entidades (atualmente é o Programa Gerador de Documentos CNPJ – PGD CNPJ ou o Aplicativo de Coleta On Line – Web), composto tanto de fichas com informações do interesse da Secretaria da Receita Federal do Brasil, quanto de fichas com informações de interesse dos estados, Distrito Federal ou municípios. O aplicativo de coleta pode ser obtido via Internet, seja na página da RFB, seja nas páginas dos convenentes.

2º Passo: o documento eletrônico gerado no aplicativo é transmitido/enviado pela Internet, gerando um código de acesso para acompanhamento da solicitação. A solicitação passa por verificações eletrônicas automatizadas que consultam tanto os sistemas da Secretaria da Receita Federal do Brasil, quanto os dos conveniados. Caso a pesquisa não verifique impedimentos, é emitida uma confirmação (atualmente é o Documento Básico de Entrada (DBE) ou Protocolo de Transmissão). Caso haja impedimentos, é disponibilizada na internet a relação dos impedimentos.

3º Passo: o contribuinte deve enviar a cópia do ato registrado e o DBE ou protocolo para endereço informado na opção Consulta da Situação do Pedido na Internet. A utilização do Sedex é opcional. Em havendo convênio com a Junta Comercial do seu Estado para análise de CNPJ e se o ato constitutivo ou alterador, além de não estar ainda registrado, ensejar registro na Junta (alteração sujeita a registro), a solicitação de CNPJ e o registro do ato podem ser apresentados à respectiva Junta Comercial conjuntamente (utilizar como data do evento a de preenchimento da solicitação, pois esta data será depois alterada pela Junta).

4º Passo: o atendimento da Secretaria da Receita Federal do Brasil e dos convenentes efetua a análise do pedido conforme procedimentos próprios de cada órgão, deferindo-o ou não.

5º Passo: o resultado é informado ao contribuinte via Internet. Por exemplo, no caso de inscrição deferida, o contribuinte poderá emitir e imprimir o seu comprovante de inscrição no CNPJ e a respectiva inscrição estadual e/ou municipal. O número concedido alimentará tanto a base CNPJ da RFB, quanto a base de dados dos convenentes envolvidos. Da mesma forma, o motivo do indeferimento do pedido será informado (esse motivo poderá ser decorrente da Secretaria da Receita Federal do Brasil ou dos convenentes).

Para informações mais detalhadas sobre os procedimentos de inscrição, alteração e baixa basta acessar o item "Orientações Gerais" da área do cidadão, no *site* da RFB:<receita. fazenda.gov.br>

3.1 Fluxo do processo

Nos procedimentos de inscrição, alteração e baixa de pessoas jurídicas e demais entidades, o contribuinte, após registro do ato correspondente, preenche as informações no PGD e transmite via Internet (com uso do ReceitaNet).

Os documentos referentes à solicitação são apresentados diretamente na unidade administrativa da RFB de jurisdição do estabelecimento, havendo convênio firmado, na respectiva Junta Comercial ou em local acordado entre os entes conveniados.

O deferimento resulta na emissão/atualização do CNPJ e Inscrição Estadual simultaneamente.

No *site* anteriormente citado, a RFB remete o contribuinte para os estados onde o Cadastro Sincronizado já está implantado.

4. REGISTRO PERANTE A PREFEITURA – INSCRIÇÃO MUNICIPAL

A inscrição municipal da empresa, em se tratando de empresa prestadora de serviço, deverá observar as regras de cada município.

Em relação à cidade de São Paulo, por exemplo, a inscrição se dá via *On-line.*

Para essa cidade (consulta feita em 08/01/2019, em <https://www.prefeitura.sp.gov.br/cidade/secretarias/fazenda/pesquisa/?p=2369>), a inscrição no Cadastro de Contribuintes Mobiliários (CCM) deve ser feita pela internet, por meio dos requerimentos pessoa física e pessoa jurídica. Após o preenchimento e envio do requerimento, o "Protocolo de Inscrição" deverá ser impresso, assinado pelo contribuinte, representante legal ou procurador e apresentado, no prazo de 60 (sessenta) dias da data nele impressa, na Prefeitura Regional mais próxima (pessoas físicas) ou no Centro de Atendimento da Fazenda Municipal - CAF, localizado na Praça do Patriarca, 69, de segunda a sexta-feira, das 9h às 17h (pessoas jurídicas), juntamente com os documentos nele relacionados, para que a inscrição seja efetivada.

Caso haja duplicidade de CNPJ/CPF (solicitação de nova inscrição quando já houver outra para o mesmo CNPJ/CPF) ou a inscrição de Pessoa Jurídica estiver relacionada ao início de atividade anterior a 1º de março de 2004, a efetivação da inscrição dependerá de análise da Subdivisão de Cadastramento, que poderá deferi-la, indeferi-la ou solicitar outros documentos ou esclarecimentos ao contribuinte. A inscrição de Pessoa Física relacionada ao início de atividade anterior a 1º de março de 2004 deverá ser pleiteada por Processo Administrativo na Praça de Atendimento da Secretaria de Finanças.

Opção por centralização de entrega de correspondências: Com o deferimento da inscrição, de posse do respectivo CCM, inscreva o próximo estabelecimento por meio dos requerimentos de inscrição *linkados* no final da página. Após validar as informações do novo estabelecimento, deve-se digitar o CCM do estabelecimento para o qual se quer centralizar a entrega no campo "CCM centralizador" do formulário e clicar novamente em ENVIAR

5. REGISTRO EM OUTROS ÓRGÃOS

As inscrições acima são aplicáveis à quase totalidade das empresas, no entanto, dependendo do ramo de atividade, a empresa fica sujeita a registros adicionais, seja por imposição do órgão de classe, seja por imposição da legislação ambiental, seja por imposição da legislação sanitária.

Uma sociedade contábil, por exemplo, além do registro na Junta Comercial (ou no Registro Civil das Pessoas Jurídicas), no CNPJ e na Prefeitura, também deve ter seu registro no Conselho Regional de Contabilidade.

As empresas industriais que, devido a sua atividade, possam causar qualquer malefício ao meio ambiente, também devem buscar registro (licença) de funcionamento perante o órgão compete.

No estado de são Paulo, o órgão competente para conceder tais licenças é a Companhia Ambiental do Estado de São Paulo (Cetesb).

Em seu *site* < https://cetesb.sp.gov.br/licenciamentoambiental/roteiros/> (consulta feita em 08/01/2019), a Cetesb elenca as atividades e empreendimentos sujeitos ao licenciamento ambiental, com roteiro para obtenção de Licença Prévia ou Licença Prévia e de Instalação concomitantes.

Segundo o referido *site*, as atividades e empreendimentos sujeitos ao licenciamento ambiental são:

- Avicultura, suinocultura e bovinocultura
- Aquicultura
- Aterros de resíduos inertes e da construção civil
- Aterros sanitários
- Assentamentos para reforma agrária
- Bases de armazenamento
- Cemitérios
- Central de reciclagem de caminhões e outros veículos
- Cogeração de energia
- Coleta, transporte e disposição de lodos
- Crematórios
- Depósito ou comércio atacadista de produtos químicos
- Dutos e linhas
- Estações de tratamento de água
- Estruturas e instalações de apoio náutico
- Extração mineral
- Fabricação de biocombustível (exceto álcool)
- GRAPROHAB
- Hospitais e similares
- Incineradores de resíduos de serviços de saúde
- Instalações portuárias
- Manejo de fauna exótica e criadouro de fauna silvestre

- Outros sistemas de tratamento de resíduos de serviço de saúde
- Parcelamento do solo e condomínios
- Parecer Técnico de empresas estabelecidas no ramo de desmontagem de veículos em fim de vida útil e comercialização de respectivas partes e peças (Artigo 2°, inciso I, da Lei Estadual 15.276/2014 e Artigo 9° do Decreto Estadual 60.150/2014)
- Parecer Técnico de empresas recicladoras de veículos totalmente irrecuperáveis (Artigo 2°, inciso II, da Lei Estadual 15.276/2014 e Artigo 9° do Decreto Estadual 60.150/2014)
- Postos de combustíveis
- Programas de Recuperação de Interesse Social nas Bacias dos Reservatórios Billings e Guarapiranga (APRM B e APRM G)
- Postos e centrais de recebimento de embalagens vazias de agrotóxicos
- Sistemas de tratamento de esgotos sanitários
- Termoelétricas
- Transbordos de resíduos sólidos domiciliares
- Transbordo de resíduos de serviços de saúde
- Usina de açúcar e etanol
- Usina de compostagem
- Usinas de reciclagem de resíduos da construção civil

Capítulo 2

OBRIGATORIEDADE DA ESCRITURAÇÃO CONTÁBIL

1. APRESENTAÇÃO

A obrigatoriedade de manutenção da escrita contábil, diferentemente do que se apregoa, não é imposta pela legislação do Imposto de Renda, mas sim pela legislação comercial. A legislação do Imposto de Renda simplesmente estabelece regras de tributação. Portanto, ao impor às pessoas jurídicas a obrigatoriedade de tributação com base no lucro real, a manutenção da escrita contábil torna-se imprescindível, pois não existe lucro real sem que haja contabilidade.

Nota-se que antes de se apurar o lucro real, apura-se o lucro contábil. Com base no resultado contábil (lucro ou prejuízo) fazem-se, mediante utilização do Livro de Apuração do Lucro Real (Lalur), os ajustes necessários (adições e exclusões), chegando-se, assim, ao lucro real.

Essa imposição da legislação fiscal em relação à obrigatoriedade de manutenção da escrita contábil pelas pessoas jurídicas tributadas com base no lucro real levou a uma falsa crença de que as pessoas jurídicas tributadas com base no lucro presumido ou com base no Simples Nacional estariam dispensada, de manter a escrituração contábil, o que não é verdade. A dispensa para essas empresas somente se aplica perante a legislação tributária.

A obrigatoriedade de manutenção da escrita contábil aplica-se a todas as empresas e está respalda no Código Civil.

Neste capítulo, inicialmente, discorremos sobre a obrigatoriedade da escrituração contábil e, em seguida, sobre a validade da escrita contábil perante o registro do comércio

2. O QUE ESTABELECE A LEGISLAÇÃO SOCIETÁRIA

De acordo com o Código Civil:

"Art. 1.179. O empresário e a sociedade empresária são obrigados a seguir um sistema de contabilidade, mecanizado ou não, com base na escrituração uniforme de seus livros, em correspondência com a documentação respectiva, e a levantar anualmente o balanço patrimonial e o de resultado econômico."

O que se observa do dispositivo acima reproduzido é que <u>todas</u> as empresas estão obrigadas a manter escrituração contábil, independentemente da forma de tributação adotada. No entanto, existe uma exceção, trata-se da pequena.

Segundo o parágrafo segundo do artigo 1.1.79 do CC, é dispensado da manutenção da escrituração contábil o pequeno empresário, considerado como tal o empresário individual caracterizado como microempresa na forma Lei Complementar nº 123/2006 que aufira receita bruta anual de até R$ 81.000,00 (oitenta e um mil reais).

Portanto, ressalvada a exceção acima, para fins societários todas as pessoas jurídicas estão obrigadas à escrituração contábil, inclusive empresas enquadradas no Simples Nacional e empresas tributadas com base no lucro presumido.

3. ARGUMENTOS QUE REFORÇAM A NECESSIDADE DE SE MANTER A ESCRITURAÇÃO CONTÁBIL

É fato que muitas empresas mesmo estando obrigadas à escrituração contábil pela legislação comercial não o fazem. Adiante, são elencados três argumentos "motivadores" da manutenção da escrita contábil.

3.1 Litígio entre os sócios

Como qualquer relação humana, a sociedade empresarial também sofre desgaste. Ao se iniciar uma sociedade não podemos imaginar o que vai acontecer no tocante ao relacionamento de seus membros. Muitas vezes as desavenças são tantas que a manutenção da sociedade é impraticável e parte-se para a dissolução societária ou retirada de um ou mais sócios da sociedade. Diante desse fato, se a empresa não mantiver contabilidade, como deverão ser aferidos os haveres dos sócios? Impossível! É aí que entra a contabilidade. Através dela é possível saber qual é o patrimônio da empresa e quanto desse patrimônio cabe a cada um dos sócios.

3.2 Falência

A falência é outro fator que obriga as empresas à manutenção da escrita contábil. Imaginemos que em relação a uma determinada empresa seja determinado falência. Desse modo, a empresa fica obrigada a apresentar seu balanço ao juiz. Portanto, como fica a empresa caso ela não tenha escrita contábil? Nessa situação, o juiz poderá decretar falência fraudulenta impondo aos sócios penas inclusive de detenção.

3.3 Distribuição de lucros

A distribuição de lucros é na verdade o grande "incentivador" da manutenção da escrita contábil. Isso ocorre, porque os lucros e dividendos são isentos de tributação tanto na fonte como na declaração de ajuste, diferentemente do pró-labore, que sofre tributação tanto na fonte como na declaração de ajuste anual, além de sofrer tributação pela previdência social (contribuição patronal – alíquota de 20%). No entanto, para usufruir desse benefício de isenção há a necessidade de escrita contábil, a não ser que a empresa queira distribuir lucros mínimos calculados com base nas regras do lucro presumido e do Simples Nacional na estimativa mensal.

Para exemplificar, consideremos determinada empresa tributada com base no lucro presumido que queira distribuir ao seu proprietário a quantia de R$ 10.000,00 referente ao mês de janeiro/2019. A empresa não sabe se distribui a título de pró-labore (remuneração do trabalho) ou a título de lucros (remuneração do capital). Naturalmente, para distribuir lucros a empresa deverá tê-los apurado em balanço.

Ao aplicarmos o simulador de cálculo do IRPF disponível no *site* da Receita Federal em <http://www26.receita.fazenda.gov.br/irpfsimulaliq/private/pages/simuladoraliquota.jsf?tipoSimulador=M> temos que o imposto devido no mês corresponderia a R$ 1.880,64.

4. Imposto 1.880,64

Demonstrativo da Apuração do Imposto

	Faixa da Base de Cálculo	Alíquota	Valor do Imposto
1ª Faixa	1.903,98	0,0%	0,00
2ª Faixa	922,67	7,5%	69,20
3ª Faixa	924,40	15,0%	138,66
4ª Faixa	913,63	22,5%	205,57
5ª Faixa	5.335,32	27,5%	1.467,21
Total	10.000,00	---	1.880,64

Além disso, a empresa teria que recolher a título de contribuição previdenciária patronal a quantia de R$ 2.000,00. Isso significa uma carga tributária de R$ 3.880,64 que, na prática, representa quase 40% do rendimento.

Se ao invés de pagar o rendimento a título de pro labore a empresa pagar lucro, a carga tributária será "zero", pois sobre lucros não incidem imposto de renda nem contribuição previdenciária.

Capítulo 3

SPED CONTÁBIL

No início de 2007, por meio do Decreto nº 6.022/2007, foi instituído o Sistema Público de Escrituração Digital (Sped), classificado pelo referido diploma legal como instrumento que unifica as atividades de recepção, validação, armazenamento e autenticação de livros e documentos que integram a escrituração comercial e fiscal dos empresários e das sociedades empresárias, mediante fluxo único, computadorizado, de informações.

Segundo o referido Decreto, a Secretaria da Receita Federal e os órgãos e as entidades da administração pública federal direta e indireta que tenham atribuição legal de regulação, normatização, controle e fiscalização dos empresários e das sociedades empresárias expedirão, em suas respectivas áreas de atuação, normas complementares para implantação do Sped.

Cronologicamente, esses são alguns dos atos que disciplinam o tema:

- Decreto nº 6.022, de 22 de janeiro de 2007, e alterações posteriores – Instituiu o Sistema Público de Escrituração Digital – SPED.
- Decreto nº 8.683, de 26 de fevereiro de 2016 – Altera o Decreto nº 1.800, de 30 de janeiro de 1996, que regulamenta a Lei nº 8.934, de 18 de novembro de 1994, e dá outras providências.
- Comunicado Técnico do Conselho Federal de Contabilidade (CFC) – CTG 2001 (R2) – Define as formalidades da escrituração contábil em forma digital para fins de atendimento ao Sistema Público de Escrituração Digital (Sped).
- Interpretação Técnica do CFC – ITG 2000 (R1) – Escrituração Contábil.

- Instrução Normativa RFB no 1.420, de 19 de dezembro de 2013, e alterações posteriores – Dispõe sobre a Escrituração Contábil Digital
- Ato Declaratório Executivo Cofis no 29, de 3 de maio de 2017 – Dispõe do Manual de Orientação do Leiaute da Escrituração Contábil Digital (ECD).
- Instrução Normativa RFB nº 1774/2017 e alterações posteriores

Notas

1) A ECD, como regra, será transmitida anualmente ao Sped até o último dia útil do mês de maio do ano seguinte ao ano-calendário a que se refira a escrituração.

2) A transmissão da ECD ao Sped não dispensa o empresário e a sociedade empresária de manter sob sua guarda e responsabilidade os livros e documentos na forma e prazos previstos na legislação aplicável.

A transmissão da ECD ao Sped não dispensa o empresário e a sociedade empresária de manter sob sua guarda e responsabilidade os livros e documentos na forma e prazos previstos na legislação aplicável, conforme tratada neste capítulo.

1. PRINCIPAIS OBJETIVOS DO SPED

O Sped tem como objetivos, entre outros:

a) promover a integração dos fiscos, mediante a padronização e compartilhamento das informações contábeis e fiscais, respeitadas as restrições legais.
b) racionalizar e uniformizar as obrigações acessórias para os contribuintes, com o estabelecimento de transmissão única de distintas obrigações acessórias de diferentes órgãos fiscalizadores.
c) tornar mais célere a identificação de ilícitos tributários, com a melhoria do controle dos processos, a rapidez no acesso às informações e a fiscalização mais efetiva das operações com o cruzamento de dados e auditoria eletrônica.

2. ABRANGÊNCIA DA ECD

A ECD compreenderá a versão digital dos seguintes livros:

a) livro Diário e seus auxiliares, se houver;
b) livro Razão e seus auxiliares, se houver;
c) livro Balancetes Diários, Balanços e fichas de lançamento comprobatórias dos assentamentos neles transcritos.

Observa-se que os livros contábeis e documentos de que trata o *caput* deverão ser assinados digitalmente, utilizando-se de certificado de segurança mínima tipo A3, emitido por entidade credenciada pela Infraestrutura de Chaves Públicas Brasileira (ICP-Brasil), a fim de garantir a autoria, a autenticidade, a integridade e a validade jurídica do documento digital

3. PESSOAS JURÍDICAS OBRIGADAS A ADOTAR A ECD

Segundo o art. 3º da Instrução Normativa RFB nº 1774/2017, devem apresentar a ECD as pessoas jurídicas e equiparadas obrigadas a manter escrituração contábil nos termos da legislação comercial, inclusive entidades imunes e isentas.

A ECD deve ser transmitida ao Sistema Público de Escrituração Digital (Sped), instituído pelo Decreto nº 6.022, de 22 de janeiro de 2007, até o último dia útil do mês de maio do ano seguinte ao ano-calendário a que se refere a escrituração.

4. MULTAS APLICÁVEIS

Como regra, as pessoas jurídicas que utilizarem sistemas de processamento eletrônico de dados para registrar negócios e atividades econômicas ou financeiras, escriturar livros ou elaborar documentos de natureza contábil ou fiscal, ficam obrigadas a manter, à disposição da Secretaria da Receita Federal, os respectivos arquivos digitais e sistemas, pelo prazo decadencial previsto na legislação tributária.

À inobservância de tais regras aplicam-se as seguintes penalidades:

i. multa equivalente a 0,5% (meio por cento) do valor da receita bruta da pessoa jurídica no período a que se refere a escrituração aos que não atenderem aos requisitos para a apresentação dos registros e respectivos arquivos;
ii. multa equivalente a 5% (cinco por cento) sobre o valor da operação correspondente, limitada a 1% (um por cento) do valor da receita bruta da pessoa jurídica no período a que se refere a escrituração, aos que omitirem ou prestarem incorretamente as informações referentes aos registros e respectivos arquivos; e
iii. multa equivalente a 0,02% (dois centésimos por cento) por dia de atraso, calculada sobre a receita bruta da pessoa jurídica no período a que se refere a escrituração, limitada a 1% (um por cento) desta, aos que não cumprirem o prazo estabelecido para apresentação dos registros e respectivos arquivos.

Aplicam-se à pessoa jurídica que deixar de apresentar a ECD no prazo fixado ou que apresentá-la com incorreções ou omissões as multas previstas no art. 12 da Lei nº 8.218, de 1991, sem prejuízo das sanções administrativas, cíveis e criminais cabíveis, inclusive aos responsáveis legais.

Agora, para as pessoas jurídicas que **utilizarem o Sistema Público de Escrituração Digital**, as multas acima serão reduzidas:

- à metade, quando a obrigação for cumprida após o prazo, mas antes de qualquer procedimento de ofício; e
- a 75% (setenta e cinco por cento), se a obrigação for cumprida no prazo fixado em intimação.

Capítulo 4:

ESCRITURAÇÃO CONTÁBIL DIGITAL

1. ASPECTOS INTRODUTÓRIOS

Neste capítulo discorremos sobre as formalidades da escrituração contábil em forma digital para fins de atendimento ao Sistema Público de Escrituração Digital (SPED), tendo por base a Resolução CFC nº 1.299/2010 que aprovou o Comunicado Técnico CT 04.

O referido comunicado estabelece os procedimentos técnicos e demais formalidades a serem observados pelos profissionais de Contabilidade quando da realização da escrituração contábil em forma digital.

2. EXECUÇÃO DA ESCRITURAÇÃO CONTÁBIL

A escrituração contábil em forma digital deve ser executada da seguinte forma:

a) em idioma e em moeda corrente nacionais;
b) em forma contábil;
c) em ordem cronológica de dia, mês e ano;
d) com ausência de espaços em branco, entrelinhas, borrões, rasuras, emendas ou transportes para as margens; e
e) com base em documentos de origem externa ou interna ou, na sua falta, em elementos que comprovem ou evidenciem fatos contábeis.

3. FORMA CONTÁBIL

A escrituração 'em forma contábil', referida anteriormente, deve conter, no mínimo:

a) data do registro contábil, ou seja, a data em que o fato contábil ocorreu;
b) conta devedora;
c) conta credora;
d) histórico que represente a essência econômica da transação ou o código de histórico padronizado, neste caso baseado em tabela auxiliar inclusa em livro próprio;
e) valor do registro contábil;
f) informação que permita identificar, de forma unívoca, todos os registros que integram um mesmo lançamento contábil.

4. CONTEÚDO DO REGISTRO CONTÁBIL LANÇAMENTO CONTÁBIL

O registro contábil deve conter o número de identificação do lançamento relacionado ao respectivo documento de origem externa ou interna ou, na sua falta, em elementos que comprovem ou evidenciem os fatos patrimoniais.

O lançamento contábil deve ter como origem um único fato contábil e conter:

a) um registro a débito e um registro a crédito; ou
b) um registro a débito e vários registros a crédito; ou
c) vários registros a débito e um registro a crédito; ou
d) vários registros a débito e vários registros a crédito, quando relativos ao mesmo fato contábil.

5. PLANO DE CONTAS

O plano de contas, com todas as suas contas sintéticas e analíticas, deve conter, no mínimo, 4 (quatro) níveis e é parte integrante da escrituração contábil da entidade, devendo seguir a estrutura patrimonial prevista nos arts. 177 a 182 da Lei n.º 6.404/1976.

Exemplificando, a Resolução CFC 1.299/2010 exige, no mínimo a seguinte configuração para o plano de contas:

1.				ATIVO
	1.1			CIRCULANTE
		1.1.1		DISPONÍVEL
			1.1.1.01.	CAIXA
...				...

5.1 Estrutura do plano de contas segundo a Lei nº 6.404/1976

No balanço, as contas serão classificadas segundo os elementos do patrimônio que registrem, e agrupadas de modo a facilitar o conhecimento e a análise da situação financeira da companhia.

No ativo, as contas serão dispostas em ordem decrescente de grau de liquidez dos elementos nelas registrados, nos seguintes grupos:

I – ativo circulante; e

II – ativo não circulante, composto por ativo realizável a longo prazo, investimentos, imobilizado e intangível.

No passivo, as contas serão classificadas nos seguintes grupos:

I – passivo circulante;

II – passivo não circulante; e

III – patrimônio líquido, dividido em capital social, reservas de capital, ajustes de avaliação patrimonial, reservas de lucros, ações em tesouraria e prejuízos acumulados.

Na prática, o balanço patrimonial passa a ter a seguinte configuração:

BALANÇO PATRIMONIAL	
Ativo Circulante	**Passivo Circulante**
Ativo Não-Circulante	**Passivo Não-Circulante**
Realizável a Longo Prazo	
Investimento	**Patrimônio Líquido**
Imobilizado	Capital social
Intangível	Reservas de capital
	Ajustes de avaliação patrimonial
	Reservas de lucros
	Ações em tesouraria
	Prejuízos acumulados

Nota

Os saldos devedores e credores que a companhia não tiver direito de compensar serão classificados separadamente.

5.1.1 Classificação das contas no ativo

No ativo, as contas serão classificadas do seguinte modo:

I – no ativo circulante: as disponibilidades, os direitos realizáveis no curso do exercício social subsequente e as aplicações de recursos em despesas do exercício seguinte;

II – no ativo realizável a longo prazo: os direitos realizáveis após o término do exercício seguinte, assim como os derivados de vendas, adiantamentos ou empréstimos a sociedades coligadas ou controladas, diretores, acionistas ou participantes no lucro da companhia, que não constituírem negócios usuais na exploração do objeto da companhia;

III – em investimentos: as participações permanentes em outras sociedades e os direitos de qualquer natureza, não classificáveis no ativo circulante, e que não se destinem à manutenção da atividade da companhia ou da empresa;

IV – no ativo imobilizado: os direitos que tenham por objeto bens corpóreos destinados à manutenção das atividades da companhia ou da empresa ou exercidos com essa finalidade, inclusive os decorrentes de operações que transfiram à companhia os benefícios, riscos e controle desses bens;

VI – no intangível: os direitos que tenham por objeto bens incorpóreos destinados à manutenção da companhia ou exercidos com essa finalidade, inclusive o fundo de comércio adquirido.

Na companhia em que o ciclo operacional da empresa tiver duração maior que o exercício social (que corresponde ao período de um ano), a classificação no circulante ou longo prazo terá por base o prazo desse ciclo.

5.1.2 Classificação das contas no passivo exigível

As obrigações da companhia, inclusive financiamentos para aquisição de direitos do ativo não circulante, serão classificadas no:

a) passivo circulante, quando se vencerem no exercício seguinte, e
b) passivo não circulante, se tiverem vencimento em prazo maior, observado, naturalmente, o ciclo operacional da empresa

5.1.3 Classificação das contas no patrimônio líquido

5.1.3.1 Capital social

Por imposição da Lei nº 6.404/1976, a conta do capital social discriminará o montante subscrito e, por dedução, a parcela ainda não realizada. Na prática, teremos:

Capital social subscrito

(-) Capital social a integralizar (ou a realizar)

5.1.3.2 Reservas de capital

Devem ser classificadas como reservas de capital as contas que registrarem:

a) a contribuição do subscritor de ações que ultrapassar o valor nominal e a parte do preço de emissão das ações sem valor nominal que ultrapassar a importância destinada à formação do capital social, inclusive nos casos de conversão em ações de debêntures ou partes beneficiárias;

b) o produto da alienação de partes beneficiárias e bônus de subscrição;

c) o resultado da correção monetária do capital realizado, enquanto não capitalizado.

5.1.3.3 Ajuste de avaliação patrimonial

Serão classificadas como ajustes de avaliação patrimonial, enquanto não computadas no resultado do exercício em obediência ao regime de competência, as contrapartidas de aumentos ou diminuições de valor atribuídos a elementos do ativo e do passivo, em decorrência da sua avaliação a valor justo.

5.1.3.4 Reservas de lucros

Serão classificadas como reservas de lucros as contas constituídas pela apropriação de lucros da companhia.

5.1.3.5 Ações em tesouraria

As ações em tesouraria deverão ser destacadas no balanço como dedução da conta do patrimônio líquido que registrar a origem dos recursos aplicados na sua aquisição.

6. DEMONSTRAÇÕES CONTÁBEIS

O Balanço Patrimonial e demais Demonstrações Contábeis de encerramento de exercício devem ser inseridos no Livro Diário, completando-se com as assinaturas digitais da entidade e do contabilista legalmente habilitado com registro ativo em Conselho Regional de Contabilidade.

7. LIVRO DIÁRIO, LIVRO RAZÃO E LIVROS AUXILIARES

O livro Diário e o livro Razão constituem registros permanentes da entidade e, quando escriturados em forma digital, são constituídos de um conjunto único de informações das quais eles se originam.

O livro Diário, assinado digitalmente pela entidade e pelo contabilista legalmente habilitado, quando exigível por legislação específica, deve ser autenticado no registro público ou entidade competente.

Lembre-se que, de acordo com o art. 1.150 do Código Civil (Lei nº 10.406/2001), o empresário e a sociedade empresária vinculam-se ao Registro Público de Empresas Mercantis a cargo das Juntas Comerciais, e a sociedade simples ao Registro Civil das Pessoas Jurídicas, o qual deverá obedecer às normas fixadas para aquele registro, se a sociedade simples adotar um dos tipos de sociedade empresária.

Os Livros de Registros Auxiliares da escrituração contábil devem obedecer aos preceitos estabelecidos na NBC TG que trata sobre "Escrituração Contábil", bem como os demais procedimentos constantes neste CT, considerando as peculiaridades da sua função.

8. RESPONSABILIDADE PELA ESCRITURAÇÃO CONTÁBIL – PRERROGATIVA DE CONTABILISTA

A escrituração contábil e a emissão de livros, relatórios, peças, análises, mapas, demonstrativos e demonstrações contábeis são de atribuição e responsabilidade exclusiva de contabilista legalmente habilitado com registro ativo em Conselho Regional de Contabilidade e devem conter certificado e assinatura digital da entidade e do contabilista.

9. ARMAZENAMENTO E GUARDA DOS LIVROS E DEMONSTRAÇÕES CONTÁBEIS

O contabilista deve tomar as medidas necessárias para que a entidade titular da escrituração armazene, em meio digital, os livros e as demonstrações contábeis mencionados neste CT, devidamente assinados, visando a sua apresentação de forma integral, nos termos estritos das respectivas leis especiais, ou em juízo, quando previsto em lei.

Capítulo 5

INSTRUMENTOS DE ESCRITURAÇÃO E EFICÁCIA

1. ASPECTOS INTRODUTÓRIOS

Ao final de maio/2008, o Departamento Nacional do Registro do Comércio (DNRC) publicou a IN nº 107/2008 que dispõe sobre os procedimentos para a validade e eficácia dos instrumentos de escrituração das empresas de uma forma geral. No entanto, hoje vige a IN DREI nº 11/2013.

Como não poderia ser diferente, a referida IN veio, também, recepcionar as disposições referentes à Escrituração Contábil Digital (ECD), tendo em vista a necessidade de uniformizar e atualizar os procedimentos relativos à autenticação dos instrumentos de escrituração mercantil, sejam eles em mídia de papel, sejam eles em mídia digital.

Nota

As normas aqui comentadas, no que diz respeito a livro em papel, aplicam-se aos instrumentos de escrituração dos leiloeiros e tradutores públicos e intérpretes comerciais, obedecida à legislação que lhes é pertinente.

2. INSTRUMENTOS DE ESCRITURAÇÃO DOS EMPRESÁRIOS E DAS SOCIEDADES EMPRESÁRIAS

São instrumentos de escrituração dos empresários e das sociedades empresárias:

a) livros em papel;

b) conjunto de fichas avulsas (art. 1.180 - CC/2002);

c) conjunto de fichas ou folhas contínuas (art. 1.180 - CC/2002);

d) livros em microfichas geradas através de microfilmagem de saída direta do computador (COM);

e) livros digitais.

> **Nota**
> O empresário ou a sociedade empresária que adotar o sistema de fichas de lançamentos poderá substituir o livro Diário pelo livro Balancetes Diários e Balanços, observadas as mesmas formalidades extrínsecas exigidas para aquele (art. 1.185 – CC/2002).

3. ASSINATURAS DO CONTABILISTA E DO EMPRESÁRIO NO LIVRO DIÁRIO

No Diário serão lançadas as demonstrações contábeis, devendo:

I – no caso de livro em papel, serem assinadas pelas pessoas físicas a quem os atos constitutivos ou atos específicos atribuírem tal poder e pelo contador ou técnico em contabilidade legalmente habilitado;

II – em se tratando de livro digital, as assinaturas digitais das pessoas acima citadas, nele lançadas, serão efetuadas utilizando-se de certificado digital, de segurança mínima tipo A3, emitido por entidade credenciada pela Infraestrutura de Chaves Públicas Brasileira (ICP-Brasil), e suprem as exigências referidas em I, acima, e, ainda, quando couber identificação de auditores independentes e o registro na CVM (art. 3° da Lei Federal n° 11.638, de 2007).

Observa-se que a adoção de fichas de escrituração não dispensa o uso de livro Diário para o lançamento do balanço patrimonial e do de resultado econômico (Parágrafo único, art. 1.180. CC/2002), ao qual deve ser atribuído o número subsequente ao do livro Diário escriturado em fichas.

No que diz respeito ao livro em papel:

- não poderá ser dividido em volumes, podendo, em relação a um mesmo exercício, ser escriturado mais de um livro, observados períodos parciais e sequenciais, constantes dos respectivos Termos de Encerramento, de acordo com as necessidades do empresário ou da sociedade empresária.

- A numeração das folhas ou páginas de cada livro em papel ou microficha observará ordem sequencial única, iniciando-se pelo numeral um, incluído na sequência da escrituração o balanço patrimonial e o de resultado econômico, quando for o caso.

4. RETIFICAÇÃO DE ERROS EM LIVRO JÁ AUTENTICADO

A retificação de lançamento feito com erro em livro já autenticado pela Junta Comercial, deverá ser efetuada nos livros de escrituração do exercício em que foi constatada a sua ocorrência, observadas as Normas Brasileiras de Contabilidade, não podendo o livro já autenticado ser substituído por outro, de mesmo número ou não, contendo a escrituração retificada.

5. CÓDIGOS DE NÚMEROS OU DE ABREVIATURAS

Na escrituração, quando utilizados códigos de números ou de abreviaturas, esses deverão constar (art. 1.183 - CC/2002):

a) de livro próprio, regularmente autenticado, no caso de livro em papel;
b) do próprio instrumento de escrituração, observado o Leiaute da Escrituração Contábil Digital - LECD publicado no anexo I da Instrução Normativa RFB nº 787, de 19 de novembro de 2007, ora ratificado por esta Instrução Normativa, no caso de livro digital.

Nota-se que o código de histórico padronizado deverá ser único para o período da escrituração, não podendo ser alterado no mesmo período.

6. ESCRITURAÇÃO RESUMIDA

Quando adotada a escrituração resumida do Diário, com totais que não excedam o período de trinta dias, relativamente a contas cujas operações sejam numerosas ou realizadas fora da sede, deverão ser utilizados livros auxiliares do Diário, regularmente autenticados, para registro individualizado, e conservados os documentos que permitam a sua perfeita verificação (§ 1º, art. 1.184 - CC/2002).

Os livros auxiliares observarão o mesmo meio, digital ou papel, do Livro Diário com Escrituração Resumida.

Quando o Livro Diário com Escrituração Resumida for na forma digital, os livros auxiliares correspondentes deverão se referir ao mesmo período de escrituração e constar de arquivos independentes, observadas as formalidades quanto aos Termos de Abertura e de Encerramento e o LECD.

7. FICHAS

As fichas que substituírem os livros, para o caso de escrituração mecanizada ou eletrônica, poderão ser:

a) contínuas, em forma de sanfona, em blocos, com subdivisões numeradas mecânica ou tipograficamente por dobras, sendo vedado o destaque ou ruptura das mesmas (art. 3º, Decreto nº 64.567/69);
b) avulsas, as quais serão numeradas tipograficamente (art. 4º, Decreto nº 64.567/69).

8. TERMOS DE ABERTURA E DE ENCERRAMENTO

Os instrumentos de escrituração dos empresários e das sociedades empresárias conterão termos de abertura e de encerramento, que indicarão:

I – Termo de Abertura:

a) o nome empresarial do empresário ou da sociedade empresária a que pertença o instrumento de escrituração;
b) o Número de Identificação do Registro de Empresas – NIRE e a data do arquivamento dos atos constitutivos ou do ato de conversão de sociedade simples em sociedade empresária pela Junta Comercial;
c) o município da sede ou filial;
d) a finalidade a que se destina o instrumento de escrituração;
e) o número de ordem do instrumento de escrituração;
f) a quantidade de:
f.1.) folhas, se numeradas apenas no anverso;
f.2) páginas, se numeradas no anverso e verso;

f.3) fotogramas, se microfichas; e
f.4) registros, se livro digital;
h) o número da inscrição no Cadastro Nacional da Pessoa Jurídica – CNPJ, administrado pela Receita Federal do Brasil.

II – Termo de Encerramento:

a) o nome empresarial do empresário ou da sociedade empresária a que pertença o instrumento de escrituração;
b) o fim a que se destinou o instrumento escriturado;
c) o período a que se refere a escrituração;
d) o número de ordem do instrumento de escrituração;
e) a quantidade de:
   e.1) folhas, se numeradas apenas no anverso;
   e.2) páginas, se numeradas no anverso e verso;
   e.3.) fotogramas, se microfichas; e
   e.4) registros, se livro digital.

No caso de livro em papel, do Termo de Encerramento do livro Diário com escrituração resumida, deverá constar relação que identifique todos os livros auxiliares a ele associados, com indicação da finalidade de cada um deles e seus respectivos números sequenciais.

Cada livro auxiliar, no respectivo Termo de Encerramento, deverá indicar o(s) número(s) do(s) livro(s) Diário(s) com escrituração resumida a que esteja(m) vinculado(s).

8.1 Erros ou omissões no livro papel

Existindo erro ou omissão de algum dado obrigatório do Termo de Abertura e/ou Encerramento, no livro em papel, poderá ser feita ressalva na própria folha ou página, a qual deverá ser assinada pelos mesmos signatários do Termo e homologada pelo autenticador do instrumento pela Junta Comercial, mediante Termo de homologação por esse datado e assinado.

8.2. Formalidades que devem conter os termos de abertura e de encerramento

Os Termos de Abertura e de Encerramento serão datados e assinados pelo empresário, administrador de sociedade empresária ou procurador e por contabilista legalmente habilitado, com indicação do número de sua inscrição no Conselho Regional de Contabilidade – CRC e dos nomes completos dos signatários e das respectivas funções.

As referidas funções são:

Código	Descrição da função
203	Diretor
204	Conselheiro de Administração
205	Administrador
206	Administrador de Grupo
207	Administrador de Sociedade Filiada
220	Administrador Judicial - Pessoa Física
222	Administrador Judicial - Pessoa Jurídica - Profissional Responsável
223	Administrador Judicial/Gestor
226	Gestor Judicial
309	Procurador
312	Inventariante
313	Liquidante
315	Interventor
801	Empresário
900	Contador
999	Outros

Notas

1ª) Não havendo contabilista habilitado na localidade onde se situa a sede do empresário ou da sociedade empresária ou a filial, os Termos de Abertura e de Encerramento serão assinados, apenas, pelo empresário, administrador de sociedade empresária ou procurador. Observa-se, contudo que não cabe à empresa a obrigação de informar a não existência de profissional habilitado. Essa obrigação cabe aos Conselhos Regionais de Contabilidade.

No caso de assinatura por procurador, a procuração deverá conter os poderes para a prática do ato, ser arquivada na Junta Comercial e anotada nos registros de autenticação de livros, conforme disposto no inciso VII, art. 28, desta Instrução Normativa.

8.3 Formalidades do termo de abertura em se tratando de livro digital

Em se tratando de livro digital, esse deve ser assinado por contabilista legalmente habilitado e pelo empresário ou sociedade empresária, conforme LECD, com certificado digital, de segurança mínima tipo A3, emitido por entidade credenciada pela Infraestrutura de Chaves Públicas Brasileira (ICP-Brasil), antes de ser submetido à autenticação pelas Juntas Comerciais.

8.4 Fichas ou folhas (em substituição aos livros)

Nas fichas ou folhas que substituírem os livros, para o caso de escrituração mecanizada ou eletrônica, os Termos de Abertura e de Encerramento serão apostos, respectivamente, como segue:

a) fichas ou folhas contínuas: no anverso da primeira e no verso da última dobra de cada bloco, que receberá número de ordem (art. 8º, Decreto nº 64.567/69);
b) fichas avulsas: na primeira e última fichas de cada conjunto (art. 9º, Decreto nº 64.567/69).

9. AUTENTICAÇÃO

Lavrados os Termos de Abertura e de Encerramento, os instrumentos de escrituração dos empresários e das sociedades empresárias, de caráter obrigatório, salvo disposição especial de lei, deverão ser submetidos à autenticação pela Junta Comercial (art. 1.181. CC/2002, excepcionadas as impossibilidades técnicas):

a) antes ou após efetuada a escrituração, quando se tratar de livros em papel, conjuntos de fichas ou folhas contínuas;
b) após efetuada a escrituração, quando se tratar de microfichas geradas através de microfilmagem de saída direta do computador (COM) e de livros digitais.

Nota

1ª) O empresário e a sociedade empresária poderão fazer autenticar livros não obrigatórios (Parágrafo único, art. 1.181 – CC/2002).

2ª) É dispensado das exigências deste artigo o pequeno empresário a que se refere o art. 970, da Lei nº 10.406, de 10 de janeiro de 2002, que não está obrigado a seguir um sistema de contabilidade com base na escrituração uniforme de seus livros, em correspondência com a documentação respectiva, nem a levantar anualmente o balanço patrimonial e o de resultado econômico (art. 1.179 e § 2º CC/2002).

10. EXAME DO CUMPRIMENTO DAS FORMALIDADES LEGAIS

Os instrumentos de escrituração dos empresários e sociedades empresárias apresentados para autenticação pela Junta Comercial serão objeto de exame do cumprimento das formalidades legais.

As exigências formuladas pela Junta Comercial deverão ser cumpridas em até trinta dias, contados do dia subsequente à data da ciência pelo interessado.

O instrumento de escrituração objeto de exigência, no caso do livro em papel, será devolvido completo ao interessado, para efeito de retificação ou apresentação de novo livro. Efetuada a devolução, o livro retificado ou apresentado novo livro após o prazo de 30 dias, conforme acima comentado, o instrumento de escrituração será considerado novo pedido, sujeito a novo pagamento dos serviços correspondentes.

11. FORMALIDADES PARA AUTENTICAÇÃO DOS INSTRUMENTOS

A Junta Comercial procederá às autenticações previstas nesta Instrução:

I – em relação aos livros em papel, fichas ou folhas contínuas e fichas avulsas, por Termo, que conterá declaração expressa da exatidão dos Termos de Abertura e de Encerramento, bem como o número e a data de autenticação, do seguinte modo[1]:

1 Nesse caso:

a) o autenticador deverá ser expressamente identificado, com indicação do seu nome completo, em letra de forma legível, ou com a aposição de carimbo;

a) nos livros em papel, será aposto na primeira página numerada (alínea "a", art. 12 do Decreto nº 64.567/69);
b) nas fichas ou folhas contínuas, será aposto no anverso da primeira dobra de cada bloco;
c) nas fichas avulsas, será aposto na primeira ficha de cada conjunto e todas as demais serão obrigatoriamente autenticadas com o sinete da Junta Comercial e rubrica do autenticador sobre esse (art. 9º, Decreto nº 64.567/69);

II – em relação aos livros digitais, por Termo, constante de arquivo eletrônico, que conterá[2]:

a) identificação: Termo de Autenticação;
b) declaração: Declaro a exatidão dos Termos de Abertura e Encerramento do livro digital de características abaixo, por mim examinado e conferido.
c) identificação do arquivo, composta por *hash* da escrituração e *hash* do requerimento;
d) identificação da escrituração, composta por sigla da unidade da federação, nome empresarial, NIRE, CNPJ, forma da escrituração, data de início e data de término da escrituração, natureza e número de ordem do livro;
e) informação dos requerentes, compreendendo: CPF, nome e cargo;
f) assinatura dos administradores e do contabilista;
g) número de autenticação;
h) número da versão do Termo de Autenticação;
i) data da autenticação;
j) localidade
k) número e a data de autenticação;

l) *hash* do Termo de Autenticação e assinatura digital do autenticador.

---

b) com o objetivo de resguardar a segurança e inviolabilidade dos instrumentos de escrituração dos empresários e das sociedades empresárias, recomenda-se a autenticação destes por meio de etiqueta adesiva com requisitos de segurança, atendidos os procedimentos e requisitos quanto à posição e conteúdo do Termo e identificação dos signatários.

2 Nesse caso, o Termo de Autenticação deve ser assinado por servidor devidamente habilitado, com certificado digital, de segurança mínima tipo A3, emitido por entidade credenciada pela Infraestrutura de Chaves Públicas Brasileira (ICPBrasil).

11.1 Requisitos necessários para que se proceda à autenticação

A autenticação de instrumentos de escrituração não se fará sem que:

a) esteja inscrito o empresário ou registrada a sociedade empresária (parágrafo único, art. 1.181. CC/2002);
b) os requisitos mencionados, em cada caso, nesta Instrução Normativa, sejam atendidos;
c) seja observada a sequência do número de ordem do instrumento e do período da escrituração;
d) relativamente ao livro Diário, com escrituração resumida, os respectivos livros auxiliares:
   d.1) estejam todos presentes no ato da autenticação; e
   d.2) no caso do livro digital, tenham sido assinados pelo empresário ou sociedade empresária e contabilista com certificado digital, de segurança mínima tipo A3, emitido por entidade credenciada pela Infra-estrutura de Chaves Públicas Brasileira (ICP-Brasil), e os *hash* obtidos após assinaturas tenham sido integrados ao livro Diário digital, com escrituração resumida, conforme LECD.

Nota

A autenticação do instrumento independe da apresentação física à Junta Comercial de outro(s) anteriormente autenticado(s).

12. NORMAS ESPECÍFICAS SOBRE O LIVRO DIGITAL

A geração do livro digital deverá observar:

I – escrituração e incorporação dos Termos de Abertura e de Encerramento, as disposições contidas no Manual de Orientação do Leiaute da Escrituração Contábil Digital – LECD, aprovado pela Instrução Normativa RFB nº 787, de 19 de novembro de 2007;

II – incorporação das assinaturas digitais, a utilização de *software* oficial denominado Programa Validador e Assinador (PVA), a ser disponibilizado, gratuitamente, no sítio da RFB/Sped na Internet, para *download* pelos interessados.

Observa-se que o PVA deverá possibilitar a execução das funções abaixo, dentre outras, em relação ao livro digital:

a) validação da escrituração;
b) visualização do livro, segundo formatos tradicionais do livro em papel;
c) geração do requerimento próprio para o caso, dirigido à Junta Comercial;
d) assinatura digital do livro e do requerimento pertinente;
e) transmissão para o Sped;
f) consulta para fins de acompanhamento do processo de autenticação, inclusive conhecimento de exigências em decorrência de deficiências identificadas no instrumento;
g) *download* do Termo de Autenticação do livro.

Observa-se que para efeito de prova em juízo ou fora dele, o empresário ou a sociedade deverá utilizar-se do PVA para demonstração visual do conteúdo do livro digital e de seu Termo de Autenticação, assim como para geração e emissão de documentos probantes.

Nota

A validade do livro digital dependerá da sua existência e do respectivo Termo de Autenticação, mantida a inviolabilidade de seus conteúdos.

12.1 Encaminhamento do livro digital ao Sped

O livro digital será enviado pelo empresário ou sociedade empresária ao Sped com o respectivo requerimento[3] de autenticação à Junta Comercial, ficando o livro disponível naquele Serviço para ser visualizado pelo autenticador da Junta Comercial.

O livro digital, mediante solicitação do autenticador ao Sped, será disponibilizado para ser visualizado, por tempo suficiente para

3 O requerimento conterá o número da guia de recolhimento, consoante sistemática adotada pela Junta Comercial, que disponibilizará informação a respeito, quando necessário. O pagamento do preço do serviço deverá ser efetuado previamente à sua solicitação, mediante recolhimento por guia de arrecadação a ser disponibilizada pela Junta Comercial ao interessado.

esse procedimento, sendo vedado o acesso à visualização após a sua autenticação;

Observa-se que o Sped remeterá à Junta Comercial arquivo contendo os Termos de Abertura e de Encerramento do livro digital, respectivo Requerimento, assim como outros dados necessários à análise daqueles instrumentos pelo mencionado Órgão, complementada pela visualização do livro no ambiente daquele Serviço.

12.2 Autenticação de livros digitais

A autenticação dos livros digitais será efetuada pelas Juntas Comerciais com utilização de *software* disponibilizado pelo DNRC, o qual deve ser integrado por aqueles órgãos aos seus sistemas informatizados de apoio ao processo operacional.

No caso das Juntas Comerciais que utilizam sistema informatizado de apoio ao processo operacional fornecido pelo DNRC, a integração será efetuada pelo Departamento.

Em caso de exigências que impeçam a autenticação do livro digital ou de indeferimento do requerimento, a Junta Comercial enviará ao Sped a respectiva notificação para conhecimento pelo empresário ou sociedade empresária;

Uma vez autenticado o livro digital, a Junta Comercial enviará o Termo de Autenticação para o Sped e o empresário ou a sociedade empresária promoverá o seu *download*, com utilização do PVA.

13. ESCRITURAÇÃO DESCENTRALIZADA

No caso de escrituração descentralizada, o empresário ou a sociedade empresária que possuir filial em outra unidade federativa deverá requerer a autenticação dos instrumentos de escrituração respectivos à Junta Comercial onde a filial estiver situada.

Os Termos de Abertura e de Encerramento deverão observar os requisitos anteriormente comentados, sendo que os dados deverão referir-se à filial e a data de arquivamento deverá referir-se ao ato de abertura da filial na Junta Comercial da unidade federativa onde essa se localizar.

14. EXTRAVIO, DETERIORAÇÃO OU DESTRUIÇÃO DE QUALQUER DOS INSTRUMENTOS DE ESCRITURAÇÃO

Ocorrendo extravio, deterioração ou destruição de qualquer dos instrumentos de escrituração, o empresário ou a sociedade empresária fará publicar, em jornal de grande circulação do local de seu estabelecimento, aviso concernente ao fato e deste fará minuciosa informação, dentro de quarenta e oito horas à Junta Comercial de sua jurisdição.

Recomposta a escrituração, o novo instrumento receberá o mesmo número de ordem do substituído, devendo o Termo de Autenticação ressalvar, expressamente, a ocorrência comunicada.

No caso de livro digital, enquanto for mantida uma via do instrumento objeto de extravio, deterioração ou destruição no Sped, a Junta Comercial não autenticará livro substitutivo, devendo o empresário ou sociedade obter reprodução do instrumento junto à administradora daquele Sistema.

15. PRAZO PARA RETIRADA DOS INSTRUMENTOS DE ESCRITURAÇÃO

Os instrumentos de escrituração, exceto os livros digitais, autenticados conforme aqui tratados, não retirados no prazo de trinta dias, contados da autenticação, poderão ser eliminados, após publicação de Edital no Diário Oficial do Estado ou no Diário Oficial da União, no caso da Junta Comercial do Distrito Federal, que conterá nome empresarial, NIRE, a finalidade a que se destinou o livro, o número de ordem e o período a que se refere a escrituração.

16. MANUTENÇÃO DA ESCRITA

O empresário e a sociedade empresária são obrigados a conservar em boa guarda toda a escrituração, correspondência e mais papéis concernentes à sua atividade, enquanto não ocorrer prescrição ou decadência no tocante aos atos neles consignados (art. 1.194 - CC/2002).

17. PROVIDÊNCIAS A SEREM TOMADAS PELAS JUNTAS COMERCIAIS

As Juntas Comerciais adaptarão seus procedimentos na forma aqui comentada, relativamente à autenticação de livros digitais com utilização da funcionalidade de contingência até 30.09.2008 e com a utilização do aplicativo a ser disponibilizado pelo DNRC até 31.12.2008.

Capítulo 6

USUÁRIOS/CONSUMIDORES DA INFORMAÇÃO

Há quem pense que os usuários e consumidores da informação contábil restrinjam-se às instituições financeiras. Foi-se o tempo!

Hoje temos uma infinidade de consumidores/usuários desse "produto". Naturalmente, os maiores interessados estão na iniciativa privada. Contudo, órgãos governamentais também utilizam e fazem uso da informação contábil, seja para fins de fiscalização, seja para fins estatísticos.

A informação contábil tornou-se tão importante para a fiscalização que foi criado o sped contábil (veja capítulo próprio sobre o assunto).

Na iniciativa privada, por sua vez, o leque de usuários/consumidores da informação contábil é vasto.

Nos itens que se seguem discorremos sobre os principais usuários e consumidores da informação contábil que podem ser divididos em:

a) Usuários internos
    i. Titular da firma individual ("empresário");
    ii. sócios e acionistas da sociedade;
    iii. Diretores, gerentes e administradores de todos os níveis.
b) Usuários externos
    i. Bancos e fornecedores;
    ii. Fisco;
    iii. Auditores externos;
    iv. Investidores do mercado de capital (no caso de sociedades anônimas de capital aberto).

1. INSTITUIÇÕES FINANCEIRAS

É absolutamente corriqueiro bancos exigirem, como pré-requisito para a concessão do crédito, que o cliente apresente suas demonstrações financeiras para que sejam analisadas.

É através dessas demonstrações que o banco pode avaliar a saúde financeira da empresa e a capacidade que ela tem de honrar os compromissos assumidos.

2. ADMINISTRADORES OU GESTORES DA EMPRESA

Os proprietários e administradores, modernamente denominados gestores, extraem da contabilidade, por meio da análise de análise de balanços informações preciosas, tais como rentabilidade, liquidez, nível de endividamento, taxa de retorno do capital investido, rotação dos estoques e uma infinidade de informações fundamentais para nortear suas decisões.

Além disso, o gestor poderá aplicar a técnica da análise de balanços nas demonstrações orçadas, o que lhe permitirá ter uma visão da rentabilidade e da liquidez da empresa no futuro.

Se a empresa depende financeiramente de bancos, a análise torna-se imperativa, pois, com base nesses dados, o gestor poderá antever eventuais empecilhos para a obtenção de crédito.

3. INVESTIDORES

Nos últimos anos, o mercado de capitais no Brasil teve significativo crescimento.. Ainda estamos longe do ritmo norte-americano, asiático e europeu, mas não se pode negar que estamos avançando.. Desse modo, tendo em vista o interesse do público nessa "nova" opção de investimento, a informação contábil se fortaleceu.

Veja que, para esse tipo de investimento, a informação contábil é o maior e melhor instrumento para a tomada de decisão. É através dela, por exemplo, que o investidor, com base na análise de balanços, tem condições de comparar o retorno sobre o capital investido de diversas empresas e optar por aquela que lhe propicie maiores lucros.

4. UTILIZAÇÃO DA INFORMAÇÃO PARA ANÁLISE DA CONCORRÊNCIA

Imagine-se gestor de uma empresa cujo ramo de atividade seja altamente competitivo. Como a empresa está se comportando diante dos concorrentes? As vendas têm aumentado? E os custos, também? Será que na mesma proporção das vendas?

Se os custos aumentaram mais do que as receitas, o gestor já tem um problema. É aí que entra a análise da concorrência. Se os custos dos concorrentes se mantiveram ou, pior, diminuíram, é sinal de que alguma coisa de errado está acontecendo na empresa.

Agora, se os custos dos concorrentes também aumentaram mais que as receitas, é sinal de que o mercado está desfavorável para todos. Isso, no entanto, não é motivo para cruzar os braços.

Não podemos esquecer que o gestor tem em suas mãos a informação contábil que, devidamente trabalhada, pode ajudá-lo a ter uma visão clara da evolução da empresa ao longo do tempo, o que certamente o auxiliará na tomada de decisão sobre o futuro da empresa.

5. FORNECEDORES

A informação contábil também é útil para usuários na posição de fornecedores, basicamente para verificar a capacidade de pagamento de clientes ou potenciais clientes.

Imagine que determinada empresa seja surpreendida por um pedido acima do normal. Naturalmente, como esse pedido não estava previsto, a empresa terá de buscar recursos extras para cumprir a entrega. Ou seja, para produzir essa mercadoria, terá de buscar recursos no mercado financeiro para adquirir matéria-prima, contratar mão de obra etc. ou, então, adiar compromissos com outros clientes.

A primeira coisa a fazer nesse caso é avaliar a capacidade de pagamento do potencial cliente. Vale a pena correr o risco ou seria melhor recusar o pedido? Parcela significativa dessas perguntas pode ser respondida por meio da análise de balanços, a qual resulta da informação contábil.

6. USUÁRIOS E SUAS NECESSIDADES DE INFORMAÇÃO

Em antiga Resolução (Resolução CFC nº 1.121/2008), o Conselho Federal de Contabilidade discorreu sobre os usuários das informações contábeis e suas necessidades. Embora a referida resolução não esteja mais em vigor, os conceitos são atuais e plenamente aplicáveis.

Segundo a referida Resolução, entre os usuários das demonstrações contábeis incluem-se investidores atuais e potenciais, empregados, credores por empréstimos, fornecedores e outros credores comerciais, clientes, governos e suas agências e o público. Eles usam as demonstrações contábeis para satisfazer algumas das suas diversas necessidades de informação. Essas necessidades incluem:

a) Investidores. Os provedores de capital de risco e seus analistas que se preocupam com o risco inerente ao investimento e o retorno que ele produz. Eles necessitam de informações para ajudá-los a decidir se devem comprar, manter ou vender investimentos. Os acionistas também estão interessados em informações que os habilitem a avaliar se a entidade tem capacidade de pagar dividendos.
b) Empregados. Os empregados e seus representantes estão interessados em informações sobre a estabilidade e a lucratividade de seus empregadores. Também se interessam por informações que lhes permitam avaliar a capacidade que tem a entidade de prover sua remuneração, seus benefícios de aposentadoria e suas oportunidades de emprego.
c) Credores por empréstimos. Estes estão interessados em informações que lhes permitam determinar a capacidade da entidade em pagar seus empréstimos e os correspondentes juros no vencimento.
d) Fornecedores e outros credores comerciais. Os fornecedores e outros credores estão interessados em informações que lhes permitam avaliar se as importâncias que lhes são devidas serão pagas nos respectivos vencimentos. Os credores comerciais provavelmente estão interessados em uma entidade por um período menor do que os credores por empréstimos, a não ser que dependam da continuidade da entidade como um cliente importante.

e) Clientes. Os clientes têm interesse em informações sobre a continuidade operacional da entidade, especialmente quando têm um relacionamento a longo prazo com ela, ou dela dependem como fornecedor importante.
f) Governo e suas agências. Os governos e suas agências estão interessados na destinação de recursos e, portanto, nas atividades das entidades. Necessitam também de informações a fim de regulamentar as atividades das entidades, estabelecer políticas fiscais e servir de base para determinar a renda nacional e estatísticas semelhantes.
g) Público. As entidades afetam o público de diversas maneiras. Elas podem, por exemplo, fazer contribuição substancial à economia local de vários modos, inclusive empregando pessoas e utilizando fornecedores locais. As demonstrações contábeis podem ajudar o público fornecendo informações sobre a evolução do desempenho da entidade e os desenvolvimentos recentes.

A resolução ainda esclarece que embora nem todas as necessidades de informações desses usuários possam ser satisfeitas pelas demonstrações contábeis, há necessidades que são comuns a todos os usuários. Como os investidores contribuem com o capital de risco para a entidade, o fornecimento de demonstrações contábeis que atendam às suas necessidades também atenderá à maior parte das necessidades de informação de outros usuários.

Por fim, a Resolução esclarece que a Administração da entidade tem a responsabilidade primária pela preparação e apresentação das suas demonstrações contábeis. A Administração também está interessada nas informações contidas nas demonstrações contábeis, embora tenha acesso a informações adicionais que contribuem para o desempenho das suas responsabilidades de planejamento, tomada de decisões e controle.

A Administração tem o poder de estabelecer a forma e o conteúdo de tais informações adicionais a fim de atender às suas próprias necessidades.

7. A INFORMAÇÃO CONTÁBIL SOB A ÓTICA DA RESOLUÇÃO CFC Nº 1.374/2011

Segundo a Resolução CFC 1.374/2011, que trata da estrutura conceitual para elaboração e divulgação de relatório contábil-financeiro, as demonstrações contábeis são elaboradas e apresentadas para usuários externos em geral, tendo em vista suas finalidades distintas e necessidades diversas.

Governos, órgãos reguladores ou autoridades tributárias, por exemplo, podem determinar especificamente exigências para atender a seus próprios interesses. Essas exigências, no entanto, não devem afetar as demonstrações contábeis elaboradas segundo esta Estrutura Conceitual.

Demonstrações contábeis elaboradas dentro do que prescreve esta Estrutura Conceitual objetivam fornecer informações que sejam úteis na tomada de decisões econômicas e avaliações por parte dos usuários em geral, não tendo o propósito de atender à finalidade ou necessidade específica de determinados grupos de usuários.

Demonstrações contábeis elaboradas com tal finalidade satisfazem as necessidades comuns da maioria dos seus usuários, uma vez que quase todos eles utilizam essas demonstrações contábeis para a tomada de decisões econômicas, tais como:

a) decidir quando comprar, manter ou vender instrumentos patrimoniais;
b) avaliar a administração da entidade quanto à responsabilidade que lhe tenha sido conferida e quanto à qualidade de seu desempenho e de sua prestação de contas;
c) avaliar a capacidade de a entidade pagar seus empregados e proporcionar-lhes outros benefícios;
d) avaliar a segurança quanto à recuperação dos recursos financeiros emprestados à entidade;
e) determinar políticas tributárias;
f) determinar a distribuição de lucros e dividendos;
g) elaborar e usar estatísticas da renda nacional; ou
h) regulamentar as atividades das entidades.

As demonstrações contábeis são mais comumente elaboradas segundo modelo baseado no custo histórico recuperável e no conceito da manutenção do capital financeiro nominal. Outros modelos e conceitos podem ser considerados mais apropriados para atingir o objetivo de proporcionar informações que sejam úteis para a tomada de decisões econômicas, embora não haja presentemente consenso nesse sentido.

Capítulo 7

OBJETO E OBJETIVO DA CONTABILIDADE E A EQUAÇÃO PATRIMONIAL

No primeiro Congresso Brasileiro de Contabilidade, ocorrido em 1924, definiu-se contabilidade como sendo:

" ciência que estuda e pratica as funções de orientação, de controle e de registro relativo aos fatos da administração econômica".

Naturalmente, de lá para cá muita coisa mudou, mas a essência desse conceito foi mantida. Ao tratar do assunto, o brilhante professor Hilário Franco assim se posicionou sobre a contabilidade:

"A Contabilidade é a ciência que estuda os fenômenos ocorridos no patrimônio das entidades, mediante o registro, a classificação, a demonstração expositiva, a análise e a interpretação desses fatos, com o fim de oferecer informações e orientação – necessárias à tomada de decisões – sobre a composição do patrimônio, suas variações e o resultado econômico decorrente da gestão da riqueza patrimonial. (FRANCO, 1997, p. 21)."

Portanto, diante dos conceitos acima, chega-se à conclusão singela de que a contabilidade é uma ciência social que estuda e pratica as funções de controle e de registro relativas aos atos e fatos da Administração e da Economia.

1. OBJETO DA CONTABILIDADE

A maioria dos autores define o objeto da contabilidade como sendo seu patrimônio.

Em antiga Resolução do CFC (Resolução CFC nº 774/1994), ficou estabelecido que a contabilidade possui objeto próprio – o Patrimônio das Entidades – e consiste em conhecimentos obtidos por metodologia racional, com as condições de generalidade, certeza e busca das causas, em nível qualitativo semelhante às demais ciências sociais.

Tal definição permanece atual e está alicerçada na premissa de que a Contabilidade é uma Ciência Social com plena fundamentação no conhecimento. Por consequência, todas as demais classificações – método, conjunto de procedimentos, técnica, sistema, arte, para citarmos as mais correntes – referem-se a simples facetas ou aspectos da Contabilidade, usualmente concernentes à sua aplicação prática, na solução de questões concretas.

A referida resolução ainda estabelecia que, na Contabilidade, o objeto é sempre o PATRIMÔNIO de uma Entidade, definido como um conjunto de bens, direitos e de obrigações para com terceiros, pertencente a uma pessoa física, a um conjunto de pessoas, como ocorre nas sociedades informais, ou a uma sociedade ou instituição de qualquer natureza, independentemente da sua finalidade, que pode, ou não, incluir o lucro.

Para tanto, o essencial é que o patrimônio disponha de autonomia em relação aos demais patrimônios existentes, o que significa que a Entidade dele pode dispor livremente, claro que nos limite estabelecidos pela ordem jurídica e, sob certo aspecto, da racionalidade econômica e administrativa.

Nota-se que o patrimônio também é objeto de outras ciências sociais – por exemplo, da Economia, da Administração e do Direito – que, entretanto, o estudam sob ângulos diversos daquele da Contabilidade, que o estuda nos seus aspectos quantitativos e qualitativos.

A Contabilidade busca, primordialmente, apreender, no sentido mais amplo possível, e entender as mutações sofridas pelo Patrimônio, tendo em mira, muitas vezes, uma visão prospectiva de possíveis variações. As mutações tanto podem decorrer da ação do homem, quanto, embora quase sempre secundariamente, dos efeitos da natureza sobre o patrimônio.

Por aspecto qualitativo do patrimônio entende-se a natureza dos elementos que o compõem como dinheiro, valores a receber ou a pagar expressos em moeda, máquinas, estoques de materiais ou de mercadorias, etc. A delimitação qualitativa desce, em verdade, até o grau de particularização que permita a perfeita compreensão do componente patrimonial.

Assim, quando falamos em "máquinas", ainda estamos a empregar um substantivo coletivo, cuja expressão poderá ser de muita utilidade, em determinadas análises. Mas a Contabilidade, quando aplicada a um patrimônio particular, não se limitará às "máquinas" como categoria, mas, dependendo das necessidades de controle poderá descer a cada máquina em particular e, mais ainda, aos seus pormenores de forma que sua caracterização evite a confusão com quaisquer outras máquinas, mesmo de tipo idêntico.

O atributo quantitativo refere-se à expressão dos componentes patrimoniais em valores, o que demanda que a Contabilidade assuma posição sobre o que seja "Valor", porquanto os conceitos sobre a matéria são extremamente variados.

Do Patrimônio deriva o conceito de Patrimônio Líquido, mediante a equação considerada como básica na Contabilidade:

(Bens + Direitos) – (Obrigações) = Patrimônio Líquido

Portanto, patrimônio é o conjunto de bens, direitos e obrigações. O conjunto de bens e direitos denomina-se ativo; o conjunto das obrigações denomina-se passivo. Deste modo temos que:

Bens: estoques de mercadorias, móveis e utensílios de uso da empresa, suas instalações, prédios, galpões, veículos etc.

Direitos: valores a receber (de clientes ou não), como por exemplo as duplicatas a receber;

Obrigações: dívidas da empresa com seus fornecedores (aqueles de quem ela adquire mercadorias), tributos devidos, aluguel a ser pago, água, energia elétrica e telefone já consumidos, mas ainda a pagar etc.

Quando o resultado da equação é negativo, convenciona-se denominá-lo de "Passivo a Descoberto".

O conhecimento que a Contabilidade tem do seu objeto está em constante desenvolvimento, como, aliás, ocorre nas demais ciências em relação aos respectivos objetos. Por esta razão, deve-se aceitar como natural o fato da existência de possíveis componentes do patrimônio cuja apreensão ou avaliação se apresenta difícil ou inviável em determinado momento.

Em relação à equação patrimonial, pode-se dizer que são três as situações possíveis. Situação favorável (quando há lucro), situação desfavorável (quando há prejuízo – passivo a descoberto) e situação nula, quando não há lucro nem prejuízo.

Exemplificando, temos:

I. Situação favorável:

ATIVO		PASSIVO	
Bens	2.000	Obrigações	1.500
Direitos	3.000	Patrimônio Líquido	3.500
Total do Ativo	5.000	Total do Passivo	5.000

Veja que, no exemplo acima, a soma dos bens e direitos totaliza R$ 5.000. Ao subtrairmos o valor das obrigações chegamos a um Patrimônio Líquido de R$ 3.500. Portanto, caso a empresa seja encerrada neste momento, ao liquidar o seu ativo e pagar suas dívidas restará aos sócios um valor de R$ 3.500 que no caso é uma situação favorável.

II. Situação desfavorável

ATIVO		PASSIVO	
Bens	2.000	Obrigações	6.000
Direitos	3.000	Patrimônio Líquido	-1.000
Total do Ativo	5.000	Total do Passivo	5.000

Já no exemplo acima, embora os bens e diretos totalizem R$ 5.000, a empresa tem obrigações que superam esse valor (R$ 6.000). Portanto, se a empresa, nesse momento liquidar seu ativo para e pagar suas dívidas, o montante arrecadado não será suficiente. "Alguém" vai ficar sem receber e os sócios, por sua vez não terão direito a retirar nada da empresa.

III. Situação nula

ATIVO		PASSIVO	
Bens	2.000	Obrigações	5.000
Direitos	3.000	Patrimônio Líquido	0
Total do Ativo	5.000	Total do Passivo	5.000

Na situação acima proposta, temos que os bens e direitos somados totalizam R$ 5.000. Como as obrigações também totalizam R$ 5.000 se a empresa encerrar suas atividades, o valor arrecadado com a venda do ativo será suficiente para pagar os credores. Os sócios, por sua vez, não terão direito a retirar nada da empresa.

Diferentemente do que aconteceu na situação "II", os credores não serão prejudicados.

2. OBJETIVOS DA CONTABILIDADE

A Resolução nº 774/1994 também dispôs sobre os objetivos da contabilidade. Sobre o assunto, ela estabelece que a existência de objetivos específicos não é essencial à caracterização de uma ciência, pois, caso o fosse, inexistiria a ciência "pura", aquela que se concentra, tão-somente, no seu objeto. Aliás, na própria área contábil, encontramos muitos pesquisadores cuja obra não apresenta qualquer escopo pragmático, concentrando-se na Contabilidade como ciência.

De qualquer forma, como já vimos, não há qualquer dificuldade na delimitação dos objetivos da Contabilidade no terreno científico, a partir do seu objeto, que é o Patrimônio, por estarem concentrados na correta representação deste e nas causas das suas mutações.

O objetivo científico da Contabilidade manifesta-se na correta apresentação do Patrimônio e na apreensão e análise das causas das suas mutações. Já sob ótica pragmática, a aplicação da Contabilidade a uma Entidade particularizada busca prover os usuários com informações sobre aspectos de natureza econômica, financeira e física do

Patrimônio da Entidade e suas mutações, o que compreende registros, demonstrações, análises, diagnósticos e prognósticos, expressos sob a forma de relatos, pareceres, tabelas, planilhas, e outros meios.

O tema, tão claro no quadrante científico, comporta comentários mais minuciosos quando direcionado aos objetivos concretos perseguidos na aplicação da Contabilidade a uma Entidade em particular. Adentramos, no caso, o terreno operacional, regulado pelas normas. Assim, ouve-se com frequência dizer que um dos objetivos da Contabilidade é o acompanhamento da evolução econômica e financeira de uma Entidade.

No caso, o adjetivo "econômico" é empregado para designar o processo de formação de resultado, isto é, as mutações quantitativo-qualitativas do patrimônio, as que alteram o valor do Patrimônio Líquido, para mais ou para menos, corretamente conhecidas como "receitas" e "despesas". Já os aspectos qualificados como "financeiros" concernem, em última instância, aos fluxos de caixa.

Cumpre também ressaltar que, na realização do objetivo central da Contabilidade, defrontamo-nos, muitas vezes, com situações nas quais os aspectos jurídico-formais das transações ainda não estão completa ou suficientemente elucidados. Nesses casos, deve-se considerar o efeito mais provável das mutações sobre o patrimônio, quantitativa e qualitativamente, concedendo-se prevalência à substância das transações.

3. ATIVIDADE PRÁTICA 1

Escrever no espaço pontilhado se os itens ao lado esquerdo são representativos de Ativos (A), Passivos exigíveis (P) ou Patrimônio Líquido (PL)

Títulos	Classificação
1. Salários a pagar	
2. Dinheiro depositado em banco	
3. Ações de outras companhias	
4. Imposto de renda a pagar	
5. Estoque de mercadorias	
6. Máquinas e Equipamentos	
7. Terrenos	
8. Duplicatas a receber	
9. Empréstimos bancários a pagar	
10. Encargos sociais a pagar	
11 . Patentes adquiridas	
12. Lucros a pagar	
13. Capital social	
14. Comissões a pagar	
15. Equipamentos	
16. Empréstimos concedidos a empregados	
17. Títulos a receber	
18. Aplicação financeira de curto prazo	
19. Edifícios	
20. Contas a pagar	

4. ATIVIDADE PRÁTICA 2

1) Elabore o Patrimônio das empresas A, B, e C abaixo, identifique se a situação da empresa é favorável, desfavorável ou nula:

Empresa A

Aplicações Financeiras	R$ 2.600,00
Banco Conta Movimento	R$ 800,00
Contas a Pagar	R$ 600,00
Impostos a Recolher	R$ 1.000,00
Máquinas	R$ 600,00
Veículos	R$ 800,00

Empresa B

Aplicações em Fundo Fixo	R$ 400,00
Caixa	R$ 200,00
Duplicatas a Pagar	R$ 1.400,00
Duplicatas a Receber	R$ 800,00
Imóveis	R$ 600,00
Salários a Pagar	R$ 1.400,00
Veículos	R$ 800,00

Empresa C

Banco Conta Movimento	R$ 800,00
Contas a Receber	R$ 400,00
Contas de Consumo a Pagar	R$ 200,00
Empréstimos a Pagar	R$ 400,00
Fornecedores	RS 1.800,00
ICMS a Recolher	R$ 600,00
Instalações	RS 400,00
Máquinas	R$ 600,00
Mercadorias	R$ 400,00

Capítulo 8

DOCUMENTOS, EXPRESSÕES E LIVROS COMERCIAIS E FISCAIS OBRIGATÓRIOS

Os documentos e expressões contábeis são fundamentais para o trabalho do setor contábil. De uma forma singela, pode-se dizer que essa é a matéria-prima que vai gerar informações que serão refletidas pela contabilidade. Deste modo, conhecê-las é de fundamental importância, pois tais informações alimentarão os livros contábeis, fiscais e societários da empresa.

Em relação à escrituração comercial, mecanizada ou não, temos que ela deve seguir ordem uniforme, com a utilização de livros e papéis adequados, cujo número e espécie ficam a critério da pessoa jurídica (art. 257 do RIR/99).

Hoje, até mesmo por uma imposição tecnológica e fiscal, as empresas têm adotado cada vez mais a escrituração digital. O assunto é tratado em capítulo próprio neste livro sob a rubrica SPED.

No entanto, independentemente da forma de escrituração adotada, a legislação comercial/contábil e fiscal exige das empresas uma série de livros. Esses livros a serem utilizados pelas empresas podem ser divididos em três grupos: livros fiscais, livros contábeis e livros sociais.

PARTE I – DOCUMENTOS

1. ALGUNS DOCUMENTOS CONTÁBEIS

Vimos acima que os documentos contábeis são o alicerce para a escrituração contábil. Como exemplo desses documentos, temos:

- Alguns exemplos:
- Cheque
- Contrato de compra e venda mercantil

- Duplicatas
- Fatura
- Folha de pagamento
- Nota fiscal
- Nota promissória
- Pedido de compras
- Recibo

2. PRAZO DE GUARDA DE DOCUMENTOS

As empresas devem tomar cuidados com a guarda e descarte de documentos que deram suporte para sua escrita contábil. Alguns documentos devem ser guardados por até 5 anos; outros, por até 30 anos, mesmo que haja arquivos eletrônicos para tais documentos. Trata-se de uma questão de segurança.

Seguem alguns exemplos e prazos para guarda.

DOCUMENTO	PRAZO RECOMENDADO DE GUARDA
Cofins/PIS	10 anos
Conciliação Bancária	5 anos
Conta de Água/luz/telefone	5 anos
Tributos em geral (municipal/estadual/federal)	5 anos
Duplicatas Recebidas/Emitidas	5 anos
Extrato Bancário	5 anos
Nota fiscal	5 anos
Recibos de despesa	5 anos

PARTE II – LIVROS

1. LIVROS FISCAIS

Os livros fiscais são aqueles exigidos pelo fisco Federal, Estadual ou Municipal. São exemplos (aplicáveis as maioria das empresas:

- Livro Registro de Entradas
- Livro Registro de Saídas

- Livro Registro de Impressão de Documentos Fiscais
- Livro Registro de Inventário
- Livro Registro de Apuração de IPI
- Livro Registro de Apuração de ICMS
- Livro de Apuração do Lucro Real - LALUR

2. LIVROS CONTÁBEIS

Já os livros contábeis são aqueles utilizados pelo setor Contabilidade. Nesses livros são assentados os fatos e atos administrativos/contábeis.

Conforme vimos no capítulo 2, o Código Civil, em seu art. 1.179 estabelece que o empresário e a sociedade empresária são obrigados a seguir um sistema de contabilidade, mecanizado ou não, com base na escrituração uniforme de seus livros, em correspondência com a documentação respectiva, e a levantar anualmente o balanço patrimonial e o de resultado econômico.

São exemplos de livros contábeis:

- Livro Diário
- Livro Razão
- Registro de Duplicatas
- Livro Caixa
- Livro Contas correntes

Para as empresas de uma forma geral, a obrigatoriedade de manutenção aplica-se somente ao livro Diário. Observa-se que a sua apresentação, no caso de falência, torna-se obrigatória, tendo em vista ser a base para o balanço patrimonial. Portanto, a sua não manutenção pode dar ensejo à interpretação de falência fraudulenta.

Em linhas gerais, o livro Diário é o registro básico de toda a escrituração contábil. Nele devem ser lançados, dia a dia, todos os atos ou as operações da atividade que modifiquem ou possam vir a modificar a situação patrimonial da pessoa jurídica.

3. PRINCIPAIS LIVROS CONTÁBEIS

Entre os livros contábeis, cabe aqui destaque para dois deles: o livro diário e o livro razão

O livro Diário é o registro básico de toda a escrituração contábil. Nele devem ser lançados, dia a dia, todos os atos ou as operações da atividade que modifiquem ou possam vir a modificar a situação patrimonial da pessoa jurídica.

Exemplo de livro Diário:

Livro Diário nº			Folha nº	
Data	**Conta**	**Histórico**	**Débito**	**Crédito**
16.08.20X1	Fornecedores	Valor referente ao cheque nº 123, do Banco "Money" S/A, utilizado para pagamento da duplicata nº 001, da Comercial "Ultra" Ltda..	150,00	.
16.08.20X1	Bancos	Valor referente ao cheque nº 123, do Banco "Money" S/A, utilizado para pagamento da duplicata nº 001, da Comercial "Ultra" Ltda..		150,00

Já o livro (ou fichas) Razão é utilizado para resumir e totalizar, por conta ou subconta, os lançamentos efetuados no livro Diário, ou seja, o livro Razão reflete exatamente aquilo que foi lançado no livro Diário, mas de forma individualizada (por conta ou subconta).

Exemplo de livro Razão:

Ficha Razão Conta: 1.1.02 Bancos Conta Movimento Subconta: 1.1.02.001 Banco Money S/A				
Data	**Histórico**	**Débito**	**Crédito**	**Saldo**
1º.04.20X1	Saldo anterior	-	-	970,00
03.04.20X1	Cheque nº 125.321	-	800,00	170,00
10.04.20X1	Aviso de débito	-	5,00	165,00
12.04.20X1	Depósito	500,00	-	665,00
16.04.20X1	Depósito	400,00	-	1.065,00
18.04.20X1	Cheque nº 125.322	-	265,00	800,00
20.04.20X1	Aviso de crédito	200,00	-	1.000,00
23.04.20X1	Aviso de débito	-	802,50	997,50
30.04.20X1	Cheque nº 125.325	-	100,00	897,50

Observa-se que cada ficha do Razão representa uma conta. Assim, temos o Razão da Conta Caixa, o Razão da Conta Bancos Conta Movimento etc.

Nota-se também que, diferentemente do que ocorre com o livro Diário, há uma coluna de saldo que representa a totalização da conta.

3.1 Razonete (ou "Conta T") em substituição ao Razão

Nesse livro, utilizaremos muito o razonete ou, como muitos preferem, a conta Esse artifício contábil é uma representação gráfica e resumida do livro Razão, utilizada basicamente para fins didáticos, que mostra todos os valores lançados a débito (lado esquerdo do "T") e ou a crédito (lado direito) da conta num determinado período, além do respectivo saldo (indicado no lado esquerdo, se for devedor, ou no lado direito, se credor), como segue:

CAIXA	
10.000,00	10,00 80,00 100,00
10.000,00	190,00
9.810,00	

4. LIVROS SOCIAIS

Livros sociais são aqueles exigidos pela Lei das Sociedades por Ações (Lei nº 6.404/1976).

Segundo referida Lei, a Companhia deve manter os seguintes livros, além daqueles obrigatórios para qualquer comerciante, revestidos das mesmas formalidades legais:

- Livro de Registro de Ações Nominativas
- Livro de Registro de Ações Endossáveis
- Livro de Transferências de Ações Nominativas
- Livro de Registro de Partes Beneficiárias
- Livro de Registro de Partes Beneficiárias Endossáveis
- Livro de Atas das Assembleias Gerais
- Livro de Presença de Acionistas
- Livro de Atas das Reuniões do Conselho de Administração
- Livro de Atas das Reuniões da Diretoria
- Livro de Atas e Pareceres do Conselho Fiscal

5. PRAZO DE GUARDA DE LIVROS

As empresas também devem tomar cuidado com a guarda e descarte de seus livros.

Seguem alguns exemplos e prazos para guarda.

Livros	Prazo recomendado de guarda
Livro Balanço Patrimonial/Geral	Manutenção Permanente
Movimento Contábil ou Movimento de Caixa	5 anos
Livro de ações endossáveis	10 anos
Livro de Apuração do Lucro Real - LALUR	5 anos
Livro Razão	5 anos
Livro Registro de ações Nominativas	10 anos
Livro Registro de Duplicatas	10 anos
Livro Registro de Entradas	5 anos
Livro Registro de ICMS	5 anos
Livro Registro de Inventário	31 anos
Livro Registro de Partes Beneficiárias Nominativas	10 anos
Livro Registro de Saídas	5 anos
Livro Transferência de ações Nominativas	10 anos
Livro Diário	Manutenção Permanente
Livro Registro de Entradas	5 anos
Livro de Inspeção do Trabalho	Manutenção Permanente
Livro de Registro de Empregados	Manutenção Permanente

Capítulo 9

SISTEMA PATRIMONIAL – CONCEITOS BÁSICOS

Neste capítulo, fazemos uma singela incursão pelos diversos grupos de contas que compõem o balanço patrimonial e também tecemos comentários sobre as contas de resultado.

1. BALANÇO PATRIMONIAL

A Lei nº 6.404/1976, em seu art. 178, estabelece que no balanço, as contas serão classificadas segundo os elementos do patrimônio que registrem, e agrupadas de modo a facilitar o conhecimento e a análise da situação financeira da companhia.

2. ATIVO

No Ativo, as contas são dispostas nos seguintes grupos, observada a ordem decrescente de grau de liquidez[4] dos elementos nelas registrados:

a) Ativo Circulante; e
b) Ativo não Circulante, dividido em:
- Realizável a longo prazo
- Investimentos;
- Imobilizado; e
- Intangível

4 Liquidez, em linhas gerais, significa a condição que o bem tem de se transformar em moeda corrente. No ativo as contas são dispostas em ordem decrescente de grau de liquidez dos elementos nelas registrados, conforme prescreve a Lei das S.A. Como não poderia ser diferente, a primeira conta que aparece é sempre o Caixa (item de liquidez mais expressivo do balanço), que representa o dinheiro em poder da empresa. Em seguida, surgem os depósitos à vista em banco e assim por diante.

2.1 Ativo Circulante versus *Ativo Realizável a Longo Prazo*

Segundo a Lei nº 6.404/1976, classificam-se no ativo circulante, os valores realizáveis até o término do exercício social subsequente (ou seja, durante o ano seguinte àquele a que se refere o balanço).

Já no ativo realizável a longo prazo, classificam-se os valores realizáveis após o término do exercício social subsequente (ou seja, após o ano seguinte àquele a que se refere o balanço).

Como se observa, a diferenciação está no prazo de realização. Cabe sublinhar que se entende por "realização de um Ativo" o cumprimento da finalidade desse bem ou direito, sua utilização, sua conversão em moeda corrente ou em título a receber (conforme a natureza do Ativo).

Exemplos:

1) uma duplicata converte-se num ativo realizado no momento em que a empresa recebe, do devedor, a respectiva importância e dá quitação ao título.

2) item do estoque se realiza quando a empresa o vende, a vista ou a prazo, ou, ainda, quando o utiliza no processo produtivo.

2.1.1 Duração do ciclo operacional na definição de um direito como circulante ou realizável a longo prazo

É fato que a classificação no circulante ou no realizável a longo prazo é vinculada ao período de um ano, contado a partir do encerramento do seu exercício social.

Mas também é fato que a Lei nº 6.404/1976 (Lei das SA) prevê, em seu art. 179, parágrafo único, que na empresa em que o ciclo operacional tiver duração maior do que o exercício social (um ano), a classificação no Circulante ou no Realizável a Longo Prazo deverá ter por base o prazo desse ciclo[5].

---

5 Ciclo operacional é o tempo que a empresa leva, em média, para "cumprir a jornada" desde a compra da mercadoria (ou da matéria-prima) até o recebimento da duplicata originada pela venda dessa mercadoria (ou do produto originado da industrialização da matéria-prima). Deste modo, se na empresa o prazo para concluir tais etapas for superior a um ano, tal prazo deverá ser observado para distinguir um bem/direito classificável no circulante de um bem/direito classifi-

3. PASSIVO

No passivo, as contas são classificadas nos seguintes grupos:

a) Passivo Circulante;
b) Passivo não circulante; e
d) Patrimônio Líquido, dividido em:
- Capital Social;
- Reservas de Capital;
- Ajustes de avaliação patrimonial
- Reservas de Lucros;
- Ações em tesouraria
- Prejuízos Acumulados

3.1 Passivo Circulante versus Passivo Exigível a Longo Prazo

No Passivo Exigível, devem ser registradas as obrigações da empresa, inclusive financiamentos para aquisição de direitos do Ativo Permanente.

Essa classificação observará os seguintes critérios:

a) no Passivo Circulante, quando vencerem no exercício seguinte;
b) no Passivo não circulante, especificamente no Exigível a Longo Prazo, se tiverem vencimento em prazo maior.

Observa-se que o prazo que define a classificação no circulante ou no exigível a longo prazo é o exercício seguinte ao do balanço, e não o prazo de um ano, como muitos, erroneamente, defendem.

Também para o passivo exigível, deve ser observada a regra segundo a qual, na empresa em que o ciclo operacional tiver duração maior do que o exercício social (um ano), a classificação no Circulante ou no Exigível a Longo Prazo deverá ter por base o prazo desse ciclo, conforme visto no subitem 2.1 e respectiva nota de rodapé.

4. ESTRUTURA BÁSICA DO BALANÇO

Adiante, e como base nos itens anteriormente comentados, é apresentada a estrutura básica do Balanço Patrimonial.

cável não circulante, no Realizável a Longo Prazo.

BALANÇO PATRIMONIAL	
Ativo Circulante	**Passivo Circulante**
Ativo Não-Circulante	**Passivo Não-Circulante**
Realizável a Longo Prazo	
Investimento	**Patrimônio Líquido**
Imobilizado	Capital social
Intangível	Reservas de capital
	Ajustes de avaliação patrimonial
	Reservas de lucros
	Ações em tesouraria
	Prejuízos acumulados

5. AS CONTAS NOS GRUPOS DO ATIVO

5.1 Ativo Circulante

No ativo circulante devem ser classificados:

a) disponibilidades (Caixa, Bancos Conta Movimento, aplicações financeiras de curtíssimo prazo etc.);

b) direitos (contas a receber em geral e outros valores realizáveis até o término do exercício social subsequente, ou seja, durante o ano seguinte àquele a que se refere o balanço), como, por exemplo, as duplicatas a receber;

c) estoques de:

  c.1) bens destinados à fabricação de produtos (matérias-primas e materiais de consumo industrial);

  c.2) produtos acabados e os produtos em elaboração no momento do levantamento do balanço;

  c.3) bens destinados à revenda (mercadorias);

  c.4) de embalagens e de bens destinados ao consumo da própria empresa (o "almoxarifado" de manutenção, de materiais de escritório etc.);

d) aplicações de recursos em despesas do exercício seguinte (as quais permanecem como um Ativo enquanto não ocorrer o efetivo consumo).

5.2 Ativo não Circulante

5.2.1 Realizável a Longo Prazo

Já no ativo realizável a longo prazo temos:

a) os direitos realizáveis após o término do exercício seguinte (valores a receber em prazo mais dilatado, tais como notas promissórias decorrentes da venda de bens do Ativo Imobilizado feita a longo prazo);
b) os direitos derivados de vendas, adiantamentos ou empréstimos a sociedades coligadas ou controladas, diretores, acionistas ou participantes no lucro da empresa que não constituírem negócios usuais na exploração do objeto da empresa.

5.2.2 Investimentos (ativo permanente)

Classificam-se em Investimentos:

a) as participações permanentes no capital social de outras sociedades (ou seja, o investimento feito pela empresa ao tornar-se sócia de outra pessoa jurídica);
b) os direitos de qualquer natureza, não classificáveis no ativo circulante ou no realizável a longo prazo, e que não se destinem à manutenção da atividade da empresa (por exemplo, imóveis adquiridos pela empresa, mas não destinados ao uso).

5.2.3 Imobilizado (ativo permanente)

Classificam-se no Imobilizado os bens destinados à manutenção das atividades da empresa.

São exemplos: móveis e utensílios de uso da empresa, instalações, maquinários, prédios; galpões e veículos.

5.2.4 Intangível (ativo permanente)

O grupo intangível foi uma novidade introduzida pela Lei nº 11.638/2007.

Originalmente, os bens intangíveis, na sua maioria, faziam parte do grupo imobilizado. Agora, obrigatoriamente, o plano de contas da empresa terá que trazer um grupo próprio que abrigue os bens incorpóreos.

Nota-se que a classificação dos bens no ativo intangível deve ser vista com cuidado. Nem toda aplicação em bens não corpóreos pode ser classificado como intangível. Muitas vezes o gasto com bens intangíveis é um acessório do investimento principal.

Exemplo: em empresas cuja linha de produção é "robototizada", as máquinas são classificadas no ativo imobilizado. Mas o que dizer o sistema operacional que faz com que essas máquinas funcionem?

Na verdade esse sistema é parte integrante da máquina e, portanto, deve ser tratado como um imobilizado, e não como um intangível.

Na letra da Lei (art. 179, VI – Incluído pela Lei nº 11.638/2007), classificam-se no intangível os direitos que tenham por objeto bens incorpóreos destinados à manutenção da companhia ou exercidos com essa finalidade, inclusive o fundo de comércio adquirido.

Como exemplo de valores que devem ser incorporados ao intangível, temos: as marcas, as patentes desenvolvidas pela própria empresa ou adquiridas de terceiros, os direitos autorais, os direitos de concessão (muito comum atualmente, tendo em vista a privatização dos serviços públicos), os gastos com pesquisas e desenvolvimentos de novos produtos e que, efetivamente, gerarão novas receitas para a empresa.

6. CLASSIFICAÇÃO DAS CONTAS NOS GRUPOS DO PASSIVO

6.1 Passivo Circulante

No Passivo Circulante, classificam-se as obrigações da empresa, inclusive financiamentos para aquisição de bens e direitos do Ativo Permanente, cujo vencimento ocorrerá até o encerramento do exercício seguinte.

Como exemplo, temos: dívidas para com fornecedores de mercadorias, matérias-primas etc.; tributos a pagar; aluguel a ser pago; água, energia elétrica e telefone a pagar etc.

6.2 Passivo Não Circulante

No Passivo não circulante, classificam-se as obrigações da empresa, inclusive financiamentos para aquisição de bens e direitos do Ativo Permanente, cujo vencimento ocorrerá após o término do exercício seguinte.

6.3 Patrimônio Líquido

Classificam-se no Patrimônio Líquido (art. 182 da Lei nº 6.404/1976):

a) a conta do Capital Social (que deve discriminar o montante subscrito e, por
dedução, a parcela ainda não realizada pelos sócios ou acionistas);
b) as **Reservas de Capital**, que são contas que registram:
b.1) o resultado da correção monetária do capital realizado, enquanto não capitalizado,

ou seja, enquanto não utilizado para aumento de capital (mediante alteração do Contrato Social)[6];

b.2) no caso de sociedades anônimas, o ágio na emissão de ações, o produto da alienação de partes beneficiárias e bônus de subscrição;

Nota

Entre as alterações promovidas na Lei nº 6.404/1976, pela Lei nº 11.638/2007, consta a exclusão do grupo "reservas de reavaliação". O saldo remanescente dessa reserva poderá ser mantido no PL. Paulatinamente esse saldo deverá ser "consumido" mediante depreciação, alienação, etc. Se a empresa preferir, a lei autoriza a baixa completa dos saldos ainda existentes das reavaliações. Para tanto, as reservas deverão ser lançadas contra os respectivos ativos imobilizados objeto da reavaliação, isso deverá ser feito até o final de 2008, ou no final do exercício social, para o caso das empresas que não encerram seus exercícios sociais em 31 de dezembro.

6 A partir de 1º.01.1996, a autorização para que as empresas façam a correção do balanço foi revogada.

c) os **ajustes de avaliação patrimonial**, no tocante às contrapartidas de aumentos ou diminuições de valor atribuído a elementos do ativo e do passivo, em decorrência da sua avaliação a preço de mercado, enquanto não computadas no resultado do exercício em obediência ao regime de competência (incluído pela Lei nº 11.638/2007)

Nota

Entre as alterações promovidas na Lei nº 6.404/1976, pela Lei nº 11.638/2007, consta a exclusão do grupo "reservas de capital", das doações eventualmente recebidas pela empresa, bem como as subvenções porventura concedidas pelo Governo e do prêmio recebido na emissão de debêntures. Nada impede, contudo, que o saldo remanescente dessas contas seja mantido como reserva.

d) a**Reservas de Lucros**, que são as contas constituídas pela apropriação de lucros da empresa. Essas reservas podem ser obrigatórias em face de imposição legal ou estatutárias/facultativas. Como facultativas, temos a reserva legal. Já como reservas estatutárias/facultivas, temos: Reservas Estatutárias; Reserva para Contingências; reserva de incentivos fiscais; retenção de lucros; reservas de lucros a realizar;

e) **Prejuízos Acumulados**, que é a conta que registra os resultados negativos acumulados pela empresa.

Nota

Com as alterações promovidas na Lei nº 11.638/2007, no patrimônio líquido, especificamente para as sociedades anônimas, não mais poderá ser mantido o resultado positivo apurado do exercício e de anos anteriores. Todo o resultado deverá ser receber destinado certo. Portanto, a partir de 2008, deixa de existir a figura dos lucros acumulados, devendo ser mantida a rubrica "prejuízos acumulados". Para recepcionar o lucro do exercício, recomendamos a adoção de uma conta transitória sob a rubrica "lucro do exercício", a qual servirá única e exclusivamente para receber o resultado positivo do período. Em seguida, essa conta deverá ser "zerada", tendo em vista a obrigatoriedade de se dar destino certo a esse lucro.

f) **ações em tesouraria** que registra a aquisição de suas próprias ações. Tal valor deverá ser destacado no balanço como dedução da conta do patrimônio líquido.

6.3.1 Utilização das reservas de capital

De acordo com o art. 200 da Lei das SA, as reservas de capital somente podem ser utilizadas para:

a) absorção de prejuízos que ultrapassarem os lucros acumulados e as reservas de lucros;
b) resgate, reembolso ou compra de ações;
c) resgate de partes beneficiárias;
d) incorporação ao capital social;
e) pagamento de dividendo a ações preferenciais, quando essa vantagem lhes for assegurada.

A reserva constituída com o produto da venda de partes beneficiárias poderá ser destinada ao resgate desses títulos.

O saldo das reservas de lucros, exceto as reservas para contingências, de incentivos fiscais e as de lucros a realizar, não poderá ultrapassar o capital social. Atingido esse limite, a assembleia deliberará sobre a aplicação do excesso na integralização, no aumento do capital social ou na distribuição de dividendos.

6.3.2 Reserva legal

A Lei nº Lei nº 6.404/1976 (art. 193) estabelece que a sociedade anônima fica obrigada a aplicar 5% do lucro líquido do exercício, antes de qualquer outra destinação, na constituição da reserva legal.

Esclareça-se que essa reserva legal:

a) tem por fim assegurar a integridade do capital social e somente poderá ser utilizada para compensar prejuízos ou aumentar o capital.
b) não poderá exceder a 20% do capital social.
c) a companhia poderá deixar de constituí-la no exercício em que seu saldo, acrescido do montante das reservas de capital, exceder a 30% do capital social;

6.3.3 Reservas Estatutárias

O art. 194 da Lei nº 6.404/1976 estabelece que o estatuto da companhia pode criar reservas desde que, para cada uma:

a) indique, de modo preciso e completo, a sua finalidade;
b) fixe os critérios para determinar a parcela anual dos lucros líquidos que serão destinados à sua constituição; e
c) estabeleça o limite máximo da reserva.

Mais adiante, nos arts. 198 e 203 do da mesma lei, ficou estabelecido que a destinação dos lucros para a constituição de Reservas Estatutárias não poderá:

- ser aprovada, em cada exercício, em prejuízo da distribuição do dividendo obrigatório (art. 202 da Lei das SA);
- prejudicar o direito dos acionistas preferenciais de receber os dividendos fixos ou mínimos a que tenham prioridade, inclusive os atrasados, se cumulativos.

6.3.4 Reservas de Lucros a Realizar

A lei das sociedades por ações, em seu art. 197 (com as alterações da Lei nº 10.303/2001), estabelece que no exercício em que o montante do dividendo obrigatório ultrapassar a parcela realizada do lucro líquido do exercício, a assembleia geral poderá, por proposta dos órgãos de administração, destinar o excesso à constituição de Reserva de Lucros a Realizar.

Para tanto considera-se realizada a parcela do lucro líquido do exercício que exceder a soma dos seguintes valores:

a) o resultado líquido positivo da avaliação de investimentos pelo método da equivalência patrimonial;
b) o lucro, rendimento ou ganho líquidos em operações ou contabilização de ativo e passivo pelo valor de mercado, cujo prazo de realização financeira ocorra após o término do exercício social seguinte.

Não é demais lembrar que o § 2º do art. 197 (com a redação dada pela Lei nº 10.303/2001) dispõe que a reserva de lucros a realizar somente poderá ser utilizada para pagamento do dividendo obrigatório e, para efeito do inciso III do art. 202[7], serão considerados como

---

7 O inciso III do art. 202 dispõe que:

"os lucros registrados na reserva de lucros a realizar, quando realizados e se não tiverem sido absorvidos por prejuízos em exercícios subsequentes, deverão

integrantes da reserva os lucros a realizar de cada exercício que forem os primeiros a serem realizados em dinheiro.

Observa-se que, de acordo com o art. 203 da referida lei, a destinação dos lucros para a constituição desta Reserva de lucros a realizar não poderá prejudicar o direito dos acionistas preferenciais de receber os dividendos fixos ou mínimos a que tenham prioridade, inclusive os atrasados, se cumulativos.

6.3.5 Reserva para Contingências

Segundo o art. 195 da Lei nº 6.404/1976, a assembleia geral poderá, por proposta dos órgãos da administração, destinar parte do lucro líquido à formação de reserva com a finalidade de compensar, em exercício futuro, a diminuição do lucro decorrente de perda julgada provável, cujo valor possa ser estimado.

A proposta dos órgãos da administração deverá indicar a causa da perda prevista e justificar, com as razões de prudência que a recomendem, a constituição da reserva.

A reserva deverá ser revertida no exercício em que deixarem de existir as razões que justificaram a sua constituição ou em que ocorrer a perda.

Lembra-se que o art. 203 da Lei nº 6.404/1976 estabelece que a destinação dos lucros para a constituição da referida reserva não poderá prejudicar o direito dos acionistas preferenciais de receber os dividendos fixos ou mínimos a que tenham prioridade, inclusive os atrasados, se cumulativos.

6.3.6 Reservas de Retenção de Lucros (ou Reserva de Lucros para Expansão)

Em seu art. 196, a Lei nº 6.404/1976 (com alteração da Lei nº 10.303/2001) estabelece que a assembleia geral poderá, por proposta dos órgãos da administração, deliberar reter parcela do lucro líquido do exercício prevista em orçamento de capital por ela previamente aprovado.

---

ser acrescidos ao primeiro dividendo declarado após a realização".

O orçamento, submetido pelos órgãos da administração com a justificação da retenção de lucros proposta, deverá compreender todas as fontes de recursos e aplicações de capital, fixo ou circulante, e poderá ter a duração até 5 exercícios, salvo no caso de execução, por prazo maior, de projeto de investimento.

O orçamento poderá ser aprovado pela assembleia geral ordinária que deliberar sobre o balanço do exercício e revisado anualmente, quando tiver duração superior a um exercício social.

A destinação dos lucros para a constituição desta Reserva não poderá (arts. 198 e 203 da Lei nº 6.404/1976):

a) ser aprovada, em cada exercício, em prejuízo da distribuição do dividendo obrigatório (previsto no art. 202 da mencionada lei);
b) prejudicar o direito dos acionistas preferenciais de receber os dividendos fixos ou mínimos a que tenham prioridade, inclusive os atrasados, se cumulativos.

6.3.7 Reserva Especial para Dividendo Obrigatório não Distribuído

O art. 202 da Lei nº 6.404/1976 estabelece que os acionistas têm direito de receber como dividendo obrigatório, em cada exercício, a parcela dos lucros estabelecida no estatuto ou, se este for omisso, a importância determinada de acordo com critérios estabelecidos no mesmo dispositivo.

Já o § 4º do mesmo art. 202 dispõe que o dividendo não será obrigatório no exercício social em que os órgãos da administração informarem à assembleia geral ordinária ser ele incompatível com a situação financeira da companhia.

O conselho fiscal, se em funcionamento, deverá dar parecer sobre essa informação e, na companhia aberta, seus administradores encaminharão à Comissão de Valores Mobiliários (CVM), dentro de 5 dias da realização da assembleia geral, exposição justificativa da informação transmitida à assembleia.

6.3.8 Reserva de incentivos fiscais

Art. 195-A, incluído pela Lei nº 11.638/2007, estabelece que a assembleia geral poderá, por proposta dos órgãos de administração, destinar para a reserva de incentivos fiscais a parcela do lucro líquido decorrente de doações ou subvenções governamentais para investimentos, que poderá ser excluída da base de cálculo do dividendo obrigatório (inciso I do *caput* do art. 202 da Lei nº 6.404/1976).

7. EXEMPLO DE BALANÇO PATRIMONIAL

Com base nos conceitos acima expostos, o balanço patrimonial deve apresentar a configuração a seguir. Veja que no exemplo a empresa não possui passivo não circulante.

Balanço Patrimonial

Ativo	30-jun-17	31-dez-16	Passivo	30-jun-17	31-dez-16
Circulante	**547.021**	**535.369**	**Circulante**	**440.826**	**409.155**
Disponibilidades	98.389	105.745	Empréstimos/Debêntures	207.285	197.004
Contas a Receber	227.126	215.379	Fornecedores e Cessão de Crédito	130.605	124.451
Estoques	181.939	185.880	Impostos e Contribuições Sociais	27.418	25.188
Impostos a Recuperar	24.379	19.079	Obrigações Sociais e Trabalhistas	37.441	27.155
Despesas antecipadas	5.426	1.995	Adiantamentos de Clientes	16.123	17.977
Outros	9.762	7.291	Dividendos a pagar	370	915
			Outros	21.584	16.465
Não Circulante	**706.814**	**701.991**	**Não Circulante**	**533.808**	**589.746**
Realizável a Longo Prazo	**260.294**	**247.847**	Empréstimos/Debêntures	340.961	389.657
Depósitos Judiciais	87.342	81.742	Fornecedores	73.465	68.990
Impostos a Recuperar	5.732	6.124	IR e CSLL Diferidos	18.564	3.250
Ativo Tributário	28.337	26.735	Parcelamento Obrigações Tributárias	66.438	69.342
Créditos Partes Relacionadas	92.449	89.423	Provisões	34.380	58.507
Recebíveis da Eletrobrás	32.208	32.208			
Outros Ativos Não Circulante	14.226	11.615			
			Patrimônio Líquido	**279.201**	**238.459**
Investimentos	**277**	**243**	Capital Social	130.000	119.565
Imobilizado	**426.560**	**433.348**	Reservas de Lucro	110.619	121.129
Intangível	**19.683**	**20.553**	Outros Resultados Abrangentes	(3.845)	(2.246)
			Lucros Acumulados	42.400	-
			Part Acionistas Não Controladores	27	11
Total do Ativo	**1.253.835**	**1.237.360**	**Total do Passivo**	**1.253.835**	**1.237.360**

8. DEMONSTRAÇÃO DO RESULTADO DO EXERCÍCIO (DRE)

Na DRE devem ser divulgadas, no mínimo, as seguintes informações:

a) vendas, serviços prestados ou outras receitas operacionais;
b) deduções da receita bruta;

c) receita líquida;
d) custo das vendas ou dos serviços prestados e lucro bruto;
e) despesas operacionais reduzidas por recuperações;
f) despesas financeiras, segregadas das receitas financeiras;
g) participação em controladas e coligadas (e a elas equiparadas) pelo método de equivalência patrimonial;
h) resultados não operacionais;
i) impostos sobre os lucros;
j) lucro líquido ou prejuízo do período;
k) participação de acionistas não controladores; e
l) lucro líquido ou prejuízo por ação/quota do capital.

O valor das despesas financeiras deve ser indicado separadamente do valor da redução pelas receitas financeiras.

As despesas financeiras devem ser normalmente as originadas dos passivos da entidade, ou seja, de contas tais como empréstimos e financiamentos e arrendamentos mercantis financeiros, enquanto as receitas financeiras devem, normalmente, corresponder aos ativos da entidade, ou seja, os das aplicações financeiras.

Uma entidade não deverá apresentar itens ou grupo de itens de receitas ou despesas em agrupamento específico de itens extraordinários (de natureza inusitada ou alto grau de anormalidade).

Esses itens deverão ser apresentados no grupo de resultado operacional ou não operacional, de acordo com suas características ou origem e, se materiais, para o correto entendimento da demonstração do resultado, poderão ser apresentados em uma linha específica com o necessário detalhamento em nota explicativa.

Linhas adicionais, grupos e subtotais devem ser apresentados na demonstração do resultado sempre que for material para o entendimento do resultado das operações da entidade.

8.1. Exemplo de DRE

Em face da necessidade de informação das operações em continuidade e das operações não continuadas, a demonstração do resultado do exercício deverá apresentar a seguinte configuração:

RECEITA BRUTA DE VENDAS
Receita de vendas
DEDUÇÕES DA RECEITA BRUTA
(-) Impostos incidentes sobre vendas
(-) Devoluções de vendas
(-) Abatimentos
RECEITA LÍQUIDA DE VENDAS
(-) CMV/CPV/CSV
LUCRO BRUTO
(-) DESPESAS OPERACIONAIS
Despesas de vendas
Despesas administrativas
Outras Receitas
Outras Despesas
RESULTADO DO EXERCÍCIO ANTES DO IRPJ/CSL
(-) Despesas com IRPJ/CSL
LUCRO DO EXCERCÍCIO DAS OPERAÇÕES EM CONTINUIDADE
(+-) Lucro ou prejuízo do exercício de operações não continuadas
LUCRO LÍQUIDO DO EXERCÍCIO

Capítulo 10

ALGUNS CONCEITOS BÁSICOS E OS ASPECTOS PRÁTICOS DE UM PLANO DE CONTAS

De uma forma geral, podemos dizer que o plano de contas é o alicerce para as demonstrações contábeis. Portanto, um plano de contas bem elaborado significa demonstrações contábeis confiáveis.

É fato, porém, que o plano de contas é algo muito pessoal, pois revela a "personalidade" da empresa. Deste modo, embora seja prática comum a padronização dos planos de contas, é importante lembrar que essa ferramenta contábil, na medida do possível, deve ser única para cada empresa.

Neste capítulo discorremos sobre os aspectos gerais que norteiam essa ferramenta de trabalho.

Mais detalhes sobre o assunto são obtidos no livro do mesmo autor: "Plano de Contas – Uma Abordagem Prática".

1. OBJETIVO E FINALIDADE DO PLANO DE CONTAS

O Plano de Contas é, na essência, um guia que norteia os trabalhos contábeis de registro de fatos e atos inerentes à empresa e serve de parâmetro para a elaboração das demonstrações financeiras (ou demonstrações contábeis).

O Plano tem por finalidade principal estabelecer normas de conduta para o registro das operações da organização e, na sua montagem, devem ser levados em conta três objetivos fundamentais:

a) atender às necessidades de informação da administração da empresa;
b) observar formato compatível com os princípios de contabilidade e com a norma legal que regula a elaboração do balan-

ço patrimonial e das demais demonstrações contábeis (ou seja, a Lei nº 6.404/76);

c) adaptar-se tanto quanto possível às exigências dos agentes externos à empresa (fornecedores, bancos, Fisco, auditoria externa) e, particularmente, às regras da legislação do Imposto de Renda.

2. O PLANO DE CONTAS COMO FERRAMENTA DE TRABALHO DO CONTABILISTA

Sem dúvida nenhuma, o plano de contas se reveste em uma das mais importantes ferramentas de trabalho do profissional da contabilidade. Trata-se de um documento gerado internamente, o qual o profissional consulta quando vai fazer um lançamento contábil, pois indica qual conta deve ser debitada e qual conta deve ser creditada.

Nota-se que o plano de contas genericamente tido como um simples elenco de contas vai muito além desse conceito. Na verdade, se bem elaborado, o plano de contas pode constituir-se em um verdadeiro conjunto de normas do qual pode fazer parte, ainda, a descrição do funcionamento de cada conta.

Neste caso, temos o chamado "Manual de Contas" que, obrigatoriamente, estará acompanhado de comentários e indicações gerais sobre a aplicação e o uso de cada uma das contas, tais como: para que serve, o que deve conter e outras informações sobre critérios gerais de contabilização.

Infelizmente, poucas empresas utilizam o plano de contas como um verdadeiro "Manual". A grande maioria limita-se a utilizar seu elenco de contas e respectivos códigos numéricos, consultando-o esporadicamente ou para incluir uma nova conta (um novo cliente ou fornecedor, por exemplo).

3. DENOMINAÇÃO (TÍTULO) DA CONTA

O título de uma conta deve expressar o significado adequado das operações nela registradas.

Isso significa dizer, por exemplo, que em uma operação de compra de mercadorias à vista as contas utilizadas, independentemente do histórico utilizado para registrar o evento, devem expressar o ocorrido. Nesse exemplo debitaremos a conta "Estoque" ou "Mercadorias" pela entrada do bem e creditaremos a conta "Caixa" ou "Bancos conta Movimento", pela saída do numerário.

De uma forma simplista, podemos dizer que o débito na conta "Estoque" indica o ingresso de mercadorias no estabelecimento. Já o crédito na conta caixa indica que o pagamento foi feito à vista.

Considerando-se que a conta estoque está adequadamente referenciada ("fogão modelo especial"), o histórico pode ser sucinto, limitando-se, nesse caso, a especificar o fornecedor e o número da nota fiscal.

Claro que o histórico é dado imprescindível e obrigatório em um lançamento contábil. Mas, quanto mais precisa for a nomenclatura da conta, mais objetivo pode ser o histórico do lançamento, economizando-se tempo do classificador contábil e espaço no livro Diário e livro Razão.

Embora essa economia não pareça relevante, não devemos esquecer que médias e grandes empresas processam milhares de lançamentos contábeis diariamente.

4. A IMPORTÂNCIA DA ADEQUADA DENOMINAÇÃO DAS CONTAS

A importância da adequada denominação das contas decorre do fato de que as demonstrações contábeis não são de utilização apenas da própria empresa.

Não podemos esquecer que essas demonstrações são objeto de análise também, de agentes externos à empresa. Como exemplos temos: auditores, fornecedores, clientes, instituições financeiras e, é claro, o Fisco.

Ressalte-se, ainda, que se a empresa for uma sociedade anônima de capital aberto (com ações negociadas em bolsas de valores), torna-se imprescindível que suas demonstrações tenham uma linguagem precisa e, tanto quanto possível, clara, para facilidade de seus acionistas em particular e do mercado em geral.

Conforme vimos anteriormente, o conceito de conta é atrelado à sua finalidade, que é a representação de fatos administrativos e contábeis. Normalmente, essas contas dão origem às demonstrações contábéis, compostas de contas patrimoniais e de resultado.

Se observarmos com profundidade o plano de contas, veremos que em determinados níveis (normalmente, até o terceiro nível) ele traz a estrutura do balanço e da demonstração do resultado do exercício. Isso, além de ser prático, é uma "exigência" dos atuais sistemas de contabilidade que têm como principal objetivo facilitar e agilizar a elaboração das demonstrações contábeis. Portanto, uma demonstração contábil de qualidade passa, obrigatoriamente, por um plano de contas bem estruturado e bem elaborado.

5. PADRONIZAÇÃO DAS CONTAS

A padronização no ambiente contábil é algo normal e, até certo ponto, recomendável, pois facilita e agiliza o processo de trabalho. Essa padronização tem conquistado mais espaço, sobretudo no que diz respeito ao plano de contas.

Embora seja, em tese, desejável certa padronização geral das contas e, consequentemente, dos Planos de Contas das diversas empresas, devem ser preservadas as peculiaridades dos vários ramos de atividade.

Desse modo, a denominação de uma conta deve ser adaptada, quando necessário, à atividade específica de cada empresa. Isso significa dizer que a nomenclatura das contas deve estar ambientada ao seu ramo de negócio, devendo expressar com clareza o evento praticado.

Por exemplo: a conta representativa de crédito a receber em uma empresa que pratica a compra e venda de mercadorias normalmente é a conta Clientes ou Duplicatas a Receber.

Já em uma empresa imobiliária, que tenha como objeto a venda de terrenos a prazo, por exemplo, é muito comum a utilização da conta "Prestamistas", para representar o direito ao crédito a receber. Já em uma empresa jornalística que comercializa jornais e revistas por meio de assinaturas, o crédito poderá estar representado pela rubrica "Assinantes"

6. ALGUMAS DENOMINAÇÕES QUE DEVEM SER EVITADAS

Como regra recomenda-se a não utilização de termos genéricos, tais como: "Despesas Gerais", "Despesas Diversas", "Contas diversas a Pagar" ou " Contas diversas a Receber".

Tais termos devem ser Evitados tanto quanto possível, pois geram o agrupamento em uma só conta de fatos diversos que deveriam estar registrados em contas específicas.

Sobre a utilização de rubricas genéricas, a Lei nº 6.404/1976, em seu art. 176, § 2º, estabelece que nas demonstrações as contas semelhantes poderão ser agrupadas; os pequenos saldos poderão ser agregados, desde que indicada a sua natureza e não ultrapassem 0,1 (um décimo) do valor do respectivo grupo de contas mas é vedada a utilização de designações genéricas, como "diversas contas" ou "contas correntes".

No entanto, "na prática, a teoria é outra".

No dia-a-dia o profissional, muitas vezes, vê-se compelido a utilizar termos genéricos, tendo em vista os valores pouco expressivos envolvidos no evento objeto da contabilização.

Portanto, tem-se que a utilização de termos genéricos embora não recomendável do ponto de vista técnico, por outro lado tem um grande apelo prático, pois facilita o trabalho do classificador contábil. Como "solução" para o problema, recomenda-se bom senso na utilização desses termos genéricos.

O mesmo percentual pode ser utilizado para as contas de resultado intituladas "Despesas Diversas" ou "Despesas Gerais". Nesse caso, a recomendação é que esse título de conta não tenha mais do que 10% do total do grupo de contas onde esteja inserido. Exemplo: se o grupo de contas "Despesas Administrativas" tiver saldo de R$ 1.000.000,00, a conta "Despesas Diversas" contida nesse Grupo não poderá ser superior a R$ 100.000,00. Se o saldo for maior, recomenda-se o remanejamento do saldo para contas que melhor identifiquem a despesa.

7. MODELOS DE PLANO DE CONTAS

7.1 Modelo a ser utilizado

Adiante reproduzimos um modelo simplista de plano de contas apenas para a execução dos exercícios propostos.

Modelos mais completos e complexos podem ser obtidos na obra do mesmo autor: "Plano de Contas - Uma Abordagem Prática. Referida obra traz alguns modelos de plano de contas (não exaustivos) que, com as devidas adaptações, pode ser utilizado por empresas industriais, comerciais e prestadoras de serviços.

Modelo de plano de contas para fins didáticos:

PLANO DE CONTAS SIMPLIFICADO					
1	**Ativo**	**2**	**Passivo**	**3**	**Resultado**
1.1	**Circulante**	**2.1**	**Circulante**	**3.1**	**Receita**
1.1.01	Caixa	2.1.02	Fornecedores	3.1.01	Receita de vendas de mercadorias
1.1.02	Bancos conta movimento	2.1.03	Contas a pagar	3.1.02	Receita de venda de serviços
1.1.03	Clientes	2.1.04	Empréstimos a pagar	3.1.03	Receita de juros
1.1.04	Contas a Receber	2.1.05	Adiantamento de clientes	3.1.04	Receitas diversas
1.1.05	ICMS a Recuperar	2.1.06	ICMS a Recolher	**3.2**	**(-) Impostos sobre vendas**
1.1.06	PIS a Recuperar	2.1.07	PIS a Recolher	3.2.01	ICMS s/vendas
1.1.07	Cofins a Recuperar	2.1.08	Cofins a Recolher	3.2.02	PIS s/vendas
1.1.05	Estoques	2.1.09	Salários a pagar	3.2.03	COFINS s/vendas
1.1.06	Gastos com seguros a apropriar				
1.1.07	Gastos com publicidade a apropriar				
1.1.08	Aluguel a apropriar				
1.1.09	Outros gastos a apropriar				
1.2	**Não Circulante**	**2.2**	**Não Circulante**	**3.3**	**(-) Custos**
1.2.01	Clientes			3.3.01	CMV
1.2.02	Investimentos	**2.3**	**Patrimônio Líquido**	3.3.02	CSV
1.2.03	Veículos	2.3.1	Capital Social	**3.4**	**(-) Despesas operacionais**
1.2.04	Máquinas e Equipamentos	2.3.2	(-) Capital a Integralizar	3.4.01	Despesas com salários
1.2.05	Edificações	2.3.3	Lucros ou Prejuízos acumulados	3.4.02	Despesas gerais
1.2.06	Terrenos	2.3.4	Reservas de lucros	3.4.03	Despesas com peças para reparos
1.2.07	Instalações			3.4.04	Despesas com refeição
1.2.08	Móveis e utensílios			3.4.05	Despesas com materiais
1.2.99	Depreciação acumulada			3.4.06	Despesas com Impostos e Taxas
				3.4.07	Despesas com aluguel
				3.4.08	Despesas com publicidade
				3.4.09	Despesas com juros
				3.4.10	Despesas com condução
				3.5	**Contas transitórias**
				3.5.1	ARE
				3.5.2	Compras

7.2 Codificação das contas

Um aspecto importante sobre o qual se chama a atenção, diz respeito à codificação das contas (aqueles números que normalmente antecedem a nomenclatura ou nome da conta).

Esses códigos têm o objetivo de agilizar, na prática, o trabalho de classificação de documentos, além de ser elemento indispensável para efeito do processamento de dados.

8. FUNÇÃO E FUNCIONAMENTO DAS CONTAS

Segue "Manual de Contas" com indicações gerais sobre a aplicação e o uso das principais contas. O referido "manual" orienta sobre a função e o funcionamento das contas especificadas.

CONTA	FUNÇÃO	FUNCIONAMENTO
Caixa	Contas que registram valores em dinheiro e em cheques em caixa, recebidos e ainda não depositados, pagáveis irrestrita e imediatamente	Debita-se pela entrada de numerário; credita-se pela saída de numerário
Bancos Conta Movimento	Contas que registram disponibilidades mantidas em instituições financeiras	Debita-se pelos depósitos feitos, estorno de débitos em c/c, juros recebidos; credita-se pela emissão de cheques e débitos diversos
Clientes	Contas que registram as contas a receber com vencimento até o final do ano-calendário subsequente.	Debita-se pela emissão da duplicata/fatura contra o cliente; credita-se pela baixa e pelo desconto concedido
Títulos a Receber	Registra valores a receber normalmente alheios à atividade da empresa	Debita-se pela constituição do crédito; credita-se pelo recebimento da dívida
Adiantamentos a Fornecedores	Registra valores entregues a fornecedores a título de adiantamento	Debita-se pela entrega do numerário; credita-se pelo efetivo recebimento do serviço/mercadoria contratada
Tributos a Recuperar/Compensar	Registra tributos a recuperar em face de sua apuração ou por ter sido pago a maior ou indevidamente	Debita-se pela constituição do direito de receber os valores, credita-se pelo recebimento ou compensação do direito
Estoques	Contas que registram o valor do saldo das contas dos estoques de matérias-primas, materiais secundários, produtos em elaboração, produtos acabados e mercadorias para revenda, na data da apuração dos resultados	Debita-se a aplicação de recursos de acordo com a rubrica específica; credita-se pela baixa dos estoques
Despesas do exercício Seguinte:	Contas correspondentes a pagamentos antecipados, cujos benefícios ou prestação de serviços à pessoa jurídica ocorrerão durante o exercício seguinte. São valores relativos a despesas que efetivamente pertencem ao exercício seguinte.	Debita-se pela aplicação dois recursos, credita-se pelo consumo (reconhecimento da despesa)
Prêmios de Seguros a Apropriar		
Assinaturas e Anuidades		
Juros a vencer		
Alugueis pagos antecipadamente		

CONTA	FUNÇÃO	FUNCIONAMENTO
Não Circulante	Registra ativos na sua maioria idênticos ao ativo circulante. Contudo, deve ser observado que o recebimento dos diretos se dará após o término do exercício seguinte	Observar as mesmas regras estabelecidas para o ativo circulante
Ativo Realizável a Longo Prazo		
Clientes		
Investimentos	Contas que registram investimentos permanentes, na forma de participação em outras sociedades controladas	Debita-se pela aplicação de valores em outras empresas; credita-se pela baixa do investimento, perda pela equivalência patrimonial ou pelo recebimento de dividendos
Imobilizado	Contas que registram os edifícios, melhoramentos e obras integradas aos terrenos, e os serviços e instalações provisórias, necessários à construção e ao andamento das obras, tais como: limpeza do terreno, serviços topográficos, sondagens de reconhecimento, terraplenagem, e outras similares	Debita-se pela aplicação dos recursos; credita-se pela baixa do bem
Passivo Circulante		
Empréstimos e Financiamentos	Registra os empréstimos e financiamentos tomados pela empresa, inclusive oriundo do desconto de duplicatas, desde que não haja a transferência dos riscos e benefícios do ativo	Debita-se pela baixa da obrigação; credita-se pelo empréstimo/financiamento tomado e pelo reconhecimento de juros, variação monetária e cambial
Impostos a recolher	Registra as obrigações da empresa para com o fiscos Federal, Estadual e Municipal	Debita-se pelo pagamento da obrigação; credita-se pelo reconhecimento do valor a pagar
Salários e Ordenados a Pagar	Registra as obrigações para com os empregados	Debita-se pela quitação da obrigação; credita-se pelo reconhecimento da dívida
Adiantamentos de Clientes	Registra valores recebidos de clientes a título de adiantamento pelo fornecimento de mercadorias, produtos ou serviços	Debita-se pela entrega das mercadorias, produtos ou serviços contratados mediante emissão de documento fiscal; credita-se pela entrada de recursos
Não Circulante	Registra passivos na sua maioria idênticos ao passivo circulante. Contudo, deve ser observado que o cumprimento da obrigação se dará após o término do exercício seguinte	Observar as mesmas regras estabelecidas para o passivo circulante
Patrimônio Líquido		
Capital Social	Registra o capital total da empresa	Debita-se pela redução do capital (normalmente pela saída de sócio da empresa); credita-se pela entrada de recursos materiais e financeiros para constituição do capital
(-) Capital a Integralizar	Registra a parcela do capital ainda não integralizado	Debita-se pelo compromisso assumido pelo sócio ("promessa") de integralizar o capital; credita-se pelo cumprimento da "promessa"

CONTA	FUNÇÃO	FUNCIONAMENTO
Reservas de Capital	Registra na maioria dos casos valores recebidos pela empresa, mas que não transitam por resultado. São destinados a reforço do capital social	Debita-se pela incorporação ao capital, para absorver prejuízos; pagamentos de dividendos cumulativos; credita-se pela constituição da reserva
Reservas de Lucros	Registra a parcela do lucro não destinada à distribuição	Debita-se pela destinação para a qual foi criada. A reserva legal pode ser utilizada para compensar prejuízos e aumentar o capital. A maioria das reservas são revertidas para lucros ou prejuízos acumulados; credita-se pela constituição
Lucros Acumulados	Registra o resultado de exercícios anteriores. Em se tratando de sociedade anônima, a Lei 11.638/2007 veda a manutenção de saldo a título de lucros acumulados no balanço patrimonial	Debita-se pela distribuição, constituição de reservas e aumento de capital; credita-se pela transferência do resultado do exercício
(-) Prejuízos Acumulados	Registra o prejuízo acumulado de períodos anteriores	Debita-se pelo registro do prejuízo; credita-se pela compensação com lucros de exercícios dos exercícios futuros
CONTAS DE RESULTADO		
Receita Bruta de Vendas de Mercadorias	Registram a receita auferida no mercado correspondente à venda de mercadorias, produtos e serviços	Debita-se pelo estorno, apuração do resultado do exercício; credita-se pela entrega do serviço, mercadoria ou produto
Receita Bruta de Vendas de Mercadorias		
Venda no Mercado Interno		
Venda no Mercado Externo	Registra as devoluções, abatimentos, e impostos incidentes sobre as vendas	Debita-se pelo reconhecimento da "despesa"; credita-se pelo estorno e apuração do resultado do exercício
(-) DEDUÇÕES DA RECEITA BRUTA		
(-) CUSTO DAS MERCADORIAS, PRODUTOS E SERVIÇOS VENDIDOS	Registra os custos necessários para aquisição, fabricação ou prestação do serviço	Debita-se pelo reconhecimento da "despesa", normalmente atrelado ao reconhecimento da venda; credita-se pelo estorno e apuração do resultado do exercício
(-) Despesas com Vendas	Registra as despesas necessárias para comercializar as mercadorias, produtos e serviços	Debita-se pelo consumo da despesa; credita-se pelo estorno e apuração do resultado do exercício
(-) Despesas Administrativas	Registra as despesas de administração geral, portanto, não vinculadas com a produção e comercialização das mercadorias, bens e serviços da empresa	Debita-se pelo consumo da despesa; credita-se pelo estorno e apuração do resultado do exercício
(-) Despesas Financeiras	Registra as despesas financeiras com a obtenção de empréstimos/financiamentos, variação monetária ou juros no pagamento de fornecedores	Debita-se pelo consumo da despesa; credita-se pelo estorno e apuração do resultado do exercício
Receitas Financeiras	Registra as receitas financeiras provenientes de aplicações financeiras, variação monetária ou juros recebidos de clientes	Debita-se pelo estorno da receita e apuração do resultado do exercício; credita-se pela realização da receita

Capítulo 11

MÉTODO DAS PARTIDAS DOBRADAS, O LANÇAMENTO CONTÁBIL E O BALANÇO PATRIMONIAL

Ao darmos início ao processo de registro contábil das operações cabe aqui ressaltar o conceito de método das partidas dobradas.

Segundo referido método, para todo débito corresponde a um crédito de mesmo valor"

Em suma, em todo lançamento contábil são utilizadas, no mínimo, duas contas - uma para débito, outra para crédito do mesmo valor.

Mas há vários casos em que o lançamento contém uma conta a débito e duas a crédito. Ou duas a débito e uma a crédito. É o que se convencionou chamar de lançamento de primeira, segunda, terceira e quarta fórmulas.

O método das partidas dobradas é a razão pela qual, na Contabilidade, a soma de todos os valores debitados é sempre igual à soma de todos os valores creditados.

Também é por isso que, no Balanço Patrimonial, o total do Ativo é sempre igual ao total do Passivo

No entanto, em qualquer caso, a soma da(s) conta(s) creditada(s) será sempre igual ao total lançado na(s) conta(s) debitada(s).

1. MODALIDADES DE LANÇAMENTO CONTÁBIL

Vimos acima que há quatro modalidades de lançamentos contábeis: primeira, segunda, terceira e quarta fórmula.

O lançamento de primeira fórmula é representado por uma conta devedora e uma conta credora, da seguinte forma:

Lançamento de primeira fórmula:

D -

C –

A letra "D" indica o débito (qual conta será debita); a letra "C" indica o crédito (qual conta será creditada). O débito e o crédito deverão ter valores idênticos.

Já o lançamento de segunda fórmula é representado por um conta devedora e duas ou mais contas credoras, da seguinte forma:

Lançamento de segunda fórmula:

D -

C –

C –

Também nesse caso, a letra "D" indica o débito (qual conta será debita); a letra "C" indica os créditos (no caso quais contas serão creditadas). O débito e a soma dos créditos deverão ter valores idênticos.

No caso do lançamento de terceira fórmula, sua representação se dá por duas ou mais contas devedoras e uma conta credora, da seguinte forma:

Lançamento de terceira fórmula:

D -

D –

C –

Igualmente, a letra "D" indica os débitos (quais contas serão debitas); a letra "C" indica o crédito (qual conta será creditada). A soma dos débitos e o crédito deverão ter valores idênticos.

Finalmente, temos o lançamento de quarta fórmula. Esse lançamento é representado por duas ou mais contas devedoras e duas ou mais contas credoras. Sua representação contábil é feita da seguinte forma:

Lançamento de quarta fórmula:

D -

D –

C –

C -

Neste caso, a letra "D" indica os débitos (quais contas serão debitas); a letra "C" indica os créditos (quais contas serão creditadas). A soma dos débitos e a soma dos créditos deverão ter valores idênticos.

Nota-se que o "conjunto" de lançamentos contábeis dará origem ao livro Diário.

1.1 "Outros" elementos necessários de um lançamento contábil e seu formato "clássico"

Vimos acima que o lançamento contábil é formado basicamente da conta devedora, da conta credora e do valor. Nesse livro utilizaremos basicamente essas três informações. No entanto, é importante ressaltar que do lançamento contábil constem outras informações. São elas:

- Número do lançamento: essa informação facilita a localização, em arquivo, do lançamento que serviu de base para o lançamento contábil.
- Data de ocorrência do fato contábil: na maioria dos casos, a escrituração contábil ocorre em data posterior à da ocorrência do fato contábil. No Diário, deve constar a data da ocorrência, não a data em que se está fazendo o registro.
- Histórico: item fundamental em um lançamento contábil. O histórico tem a função de descrever minuciosamente o ocorrido. Por exemplo: aquisição de um terreno: do lançamento contábil deverá constar o nome do vendedor e sua identificação (CNPJ, se pessoa jurídica, CPF e RG, se pessoa física, as condições de pagamento, se à vista ou a prazo, localização do imóvel, localização do bem e qual cartório de registro de imóveis encontra-se Registrado, entre outras.

Alertamos o leitor que alguns autores ainda fazem uso da exemplificação do lançamento contábil, utilizando-se do mecanismo aplicável para a escrituração manual. Aliás, esse mecanismo ainda é muito utilizado em concursos públicos. Quem ainda utiliza esse mecanismo não faz uso das letras maiúsculas "D" e "C" para indicar respectivamente o débito e o crédito, mas sim da preposição "a" (minúsculo para indicar a conta credora). Exemplo: no método aqui utilizado e aplicável, a aquisição de uma mercadoria a vista tem a seguinte configuração:

D – Estoque de mercadorias 10.000,00

C – Caixa 10.000,00

Como o débito é igual ao crédito em um lançamento contábil, podemos indicar o lançamento contábil com apenas um valor, desse modo:

D – Estoque de mercadorias

C – Caixa 10.000,00

Pelo critério manual, o lançamento acima seria assim representado:

Estoque de mercadorias

a Caixa 10.000,00

A preposição "**a**" que antecede a conta ou contas vai indicar que se trata de uma conta a ser creditada; já a conta ou contas sem a preposição indica qual ou quais contas devem ser debitadas.

Exemplo de lançamento completo:

Lançamento nº 0025	
Data: São Paulo, 20 de agosto de 20x1	
D – Estoque de mercadorias	
C – Caixa	10.000,00
Histórico: aquisição de mercadoria à vista para revenda, conforme nota fiscal nº 031.	

2. O QUE DEBITAR E O QUE CREDITAR?

Tecnicamente, temos que em um lançamento contábil:

- debita-se a "entrada" ou a aquisição de direito/bem, a baixa de obrigações e as despesas";
- credita-se a "saída" de um bem/direito, a obrigação assumida e a receita auferida.

O seguinte quadro pode ser utilizado para fins de elaboração do lançamento contábil:

Débito/Crédito	ocorrência	Pergunta	Resposta (consultar plano de contas)
Debita-se:	O aumento do ativo	Qual conta do **ativo** aumentou?:	
	A diminuição do passivo	Qual conta do **passivo** diminuiu?:	
	O consumo de despesa	Qual **despesa** foi consumida?:	
Credita-se	O aumento do passivo	Qual conta do **Passivo** aumentou?:	
	A diminuição do ativo	Qual conta do **ativo** diminuiu?:	
	A realização de receitas	Qual **receita** foi realizada?:	

Observa-se que cada fato a ser contabilizado dá origem a uma "entrada" ou "aquisição de direito" (DÉBITO) e, ao mesmo tempo, a uma "saída" ou "obrigação" (CRÉDITO).

3. EXEMPLO DE LANÇAMENTO CONTÁBIL

No desenvolvimento do exemplo, consideremos os seguintes dados (recomenda-se acompanhar o plano de contas que consta de capítulo próprio deste livro e o quadro acima estampado):

1) Constituição de sociedade: integralização em dinheiro: $ 50.000
2) Compra de mercadoria a prazo: $ 15.000
3) Pagamento de uma duplicata (em dinheiro): $10.000
4) Compra à vista de uma máquina para o ativo imobilizado: $ 20.000
5) Depósito de disponíveis em banco comercial $ 10.000
6) Empréstimos bancários obtidos $ 5.000

Com base nas informações acima, cada um dos lançamentos contábeis estaria assim registrado em nosso livro Diário:

Lançamento 1

1	D - Caixa	50.000,00	
	C - Capital social		50.000,00

Ao observamos o quadro (item 2) que norteia a elaboração do lançamento contábil, temos que houve um aumento do ativo pela entrada do dinheiro. A pergunta que temos que fazer para acharmos o valor a ser debitado é a seguinte: qual conta do ativo sofreu aumento (não podemos esquecer que houve a entrada do dinheiro). A resposta é a conta caixa. Portanto, debita-se a conta caixa pela entrada do numerário.

Em seguida, devemos fazer o registro do crédito. No caso, podemos entender que a empresa recebeu o dinheiro dos sócios. Portanto, no momento em que os sócios resolverem sair da sociedade o referido valor deverá ser devolvido. Portanto, houve um aumento das obrigações. Em relação aos sócios, essa obrigação deve ser registrada no patrimônio líquido, como capital social. Deste modo, deverá ser creditada a conta "Capital Social".

Lançamento 2

2	D - Estoque	15.000,00	
	C - Fornecedores		15.000,00

Observa-se que no evento contábil que deu origem ao lançamento 2 houve um aumento do ativo pela entrada das mercadorias. Portanto, o aumento do ativo deve ser debitado. Aí fica a pergunta: qual conta representa no plano de contas a entrada de mercadorias? Se observarmos o plano de contas, no ativo temos uma conta chamada Estoque. É essa conta que deve ser debitada.

Como a aquisição foi feita a prazo, houve um aumento das obrigações. No balanço, o aumento do passivo deve ser creditado. Deste modo, só precisamos pensar qual foi a conta que sofreu aumento e que representa uma obrigação. Ao analisarmos o nosso plano de contas verificamos que no passivo temos uma conta denominada Fornecedores. Essa é a conta a ser creditada.

Lançamento 3

3	D - Fornecedores	10.000,00	
	C - Caixa		10.000,00

Nesse lançamento, temos que houve uma diminuição do passivo pelo pagamento de uma obrigação. Deste modo, a conta a ser debitada é a conta fornecedores. Por outro lado, o pagamento desse fornecedor motivou a diminuição de dinheiro da empresa, representada pela conta caixa, que é uma conta do ativo. Quando se diminui o ativo, a conta que sofreu a redução deve ser creditada (no nosso exemplo, a conta caixa).

Lançamento 4

4	D - Máquinas e equipamentos	20.000,00	
	C - Caixa		20.000,00

Nesse lançamento, houve um aumento do ativo pela aquisição de uma máquina (portanto, por se tratar de uma conta do ativo, a conta máquinas e equipamentos deve ser debitada. Ao mesmo tempo, houve uma diminuição de uma outra conta do ativo: a conta caixa, pois o pagamento foi feito em dinheiro. Portanto, credita-se a conta caixa.

Lançamento 5

5	D - Bancos conta Movimento	10.000,00	
	C - Caixa		10.000,00

Esse evento costuma causar dúvidas. Veja que houve, apenas, a transferência de numerário do caixa para o banco. Deste modo, temos que houve o aumento da conta Bancos conta movimento, que é uma conta do ativo. Portanto, essa conta deve ser debitada. Mas houve, também, a diminuição de uma outra conta do ativo:a conta caixa. Observada a regra, a conta a ser creditada é a conta Caixa, pois foi essa conta que sofreu redução.

Lançamento 6

6	D - Bancos conta Movimento	5.000,00	
	C - Empréstimos a Pagar		5.000,00

Finalmente, o evento 6 deve evidenciar a entrada de dinheiro na empresa e a assunção de uma obrigação. Observa-se que ao tomar um empréstimo, o dinheiro entrou na conta corrente da empresa, promovendo um aumento nessa conta. Como vimos, o aumento de uma conta do ativo provoca um registro a débito da respectiva conta. Por sua vez, a empresa deverá pagar o valor no futuro, o que caracteriza uma obrigação assumida, a qual é registrada no passivo. Como houve um aumento do passivo, deverá ser efetuado um registro a crédito da conta empréstimos a pagar.

Nota-se que a compilação desses eventos dará origem ao nosso livro Diário que, de uma forma simplista, será representado da seguinte forma:

LIVRO DIÁRIO

1	D -	Caixa	50.000,00	
	C -	Capital social		50.000,00
2	D -	Estoque	15.000,00	
	C -	Fornecedores		15.000,00
3	D -	Fornecedores	10.000,00	
	C -	Caixa		10.000,00
4	D -	Máquinas e equipamentos	20.000,00	
	C -	Caixa		20.000,00
5	D -	Bancos conta Movimento	10.000,00	
	C -	Caixa		10.000,00
6	D -	Bancos conta Movimento	5.000,00	
	C -	Empréstimos a Pagar		5.000,00

4. EXEMPLO DE REGISTRO DOS LANÇAMENTOS CONTÁBEIS NO RAZONETE (CONTA "T")

Feitos os lançamentos do item 3, e considerando serem só essas as operações da empresa, podemos fechar nosso balanço. No entanto, para fecharmos ou levantarmos o balanço patrimonial necessitamos do livro Razão (para fins didáticos, razonete ou conta "T").

Reitera-se que o "razonete" ou conta "T" é uma representação gráfica e resumida do livro Razão, utilizada, basicamente, para fins didáticos, que mostra todos os valores lançados a débito e/ou a crédito da conta num determinado período, além do respectivo saldo (indicado no lado esquerdo, se for devedor, ou no lado direito, se credor).

Razonete matriz

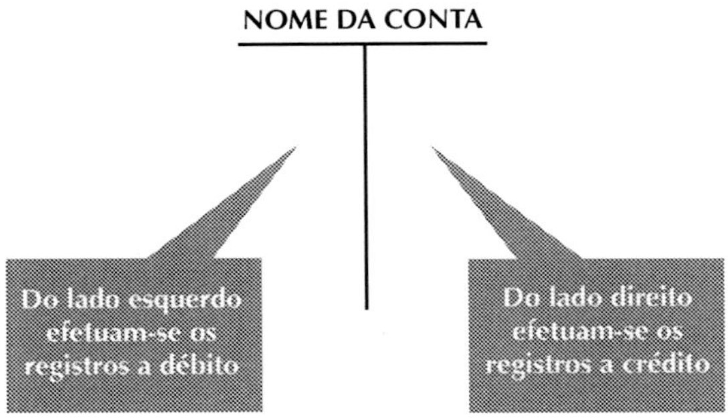

Exemplificando

Com base nos dados que constam do item 3, temos os seguintes registros nos razonetes:

Caixa

	Débito	Crédito	
1	50.000,00	10.000,00	3
		20.000,00	4
		10.000,00	5

Capital Social

	Débito	Crédito	
		50.000,00	1

Estoques

	Débito	Crédito	
2	15.000,00		

Fornecedores

	Débito	Crédito	
3	10.000,00	15.000,00	2

Máquinas e equipamentos

	Débito	Crédito	
4	20.000,00		

Emprestimos a pagar

	Débito	Crédito	
		5.000,00	6

Bancos Conta Movimento

	Débito	Crédito	
5	10.000,00		
6	5.000,00		

Transferidos os lançamentos para os razonetes, o próximo passo é apurar o saldo de cada uma das contas. Para tanto, devemos somar o total do débito e do crédito de cada uma das contas. Em seguida, devemos confrontar o total do débito com o total do crédito. O saldo remanescente deverá ser destacado no razonete. Segue exemplo com os dados acima.

LIVRO RAZÃO (RAZONETE)

	Caixa		
1	50.000,00	10.000,00	3
		20.000,00	4
		10.000,00	5
	50.000,00	40.000,00	
	10.000,00		

	Capital Social		
		50.000,00	1
	0,00	50.000,00	
		50.000,00	

	Estoques		
2	15.000,00		
	15.000,00	0,00	
	15.000,00		

	Fornecedores		
3	10.000,00	15.000,00	2
	10.000,00	15.000,00	
		5.000,00	

	Máquinas e equipamentos		
4	20.000,00		
	20.000,00	0,00	
	20.000,00		

	Emprestimos a pagar		
		5.000,00	6
	0,00	5.000,00	
		5.000,00	

	Bancos Conta Movimento		
5	10.000,00		
6	5.000,00		
	15.000,00	0,00	
	15.000,00		

5. O BALANÇO PATRIMONIAL

Apurado o saldo de cada uma das contas do razonete, podemos agora fechar o balanço. Para tanto, precisamos relembrar alguns conceitos básicos vistos em capítulos anteriores deste livro.

Relembrando, o balanço patrimonial é formado de ativo e passivo. No ativo, temos os bens e direitos e no passivo, as obrigações.

O quadro a seguir retrata bem esse conceito:

ATIVO	PASSIVO
Bens	Obrigações
Direitos	Patrimônio Líquido
Total do Ativo	Total do Passivo

Portanto, para levantarmos nosso balanço, basta classificarmos as contas que constam do razonete em bens, direitos e obrigações e transferirmos os respectivos saldos para o balanço.

Segue balanço, com os dados desenvolvidos nesse capítulo.

ATIVO		PASSIVO	
Caixa	10.000,00	Fornecedores	5.000,00
Bancos Conta Movimento	15.000,00	Empréstimos a Pagar	5.000,00
Estoques	15.000,00	**Patrimônio Líquido**	
Máquinas e Equipamentos	20.000,00	Capital social	50.000,00
Total do Ativo	**60.000,00**	**Total do Passivo**	**60.000,00**

Veja que o ativo corresponde ao total do passivo. Veja também que os bens e direitos, menos as obrigações, correspondem ao total do patrimônio líquido.

6. ATIVIDADE PRÁTICA 3

Com base nos eventos a seguir, elabore o livro Diário, o livro Razão e levante o balanço patrimonial.

Comercial Silver

A seguir serão apresentadas, cronologicamente, as transações da empresa acima.

Nº	data	Evento
1	02/ago	Subscrição e integralização de capital, em dinheiro no valor de $100.000,00
2	04/ago	Aquisição de um terreno da CIA Nova Era, por $ 60.000,00 para pagamento em duas parcelas.
3	05/ago	Compra à vista (em dinheiro) de móveis e utensílios por $ 15.000,00
4	15/ago	Aquisição de computadores para o escritório, a prazo, de Cia. Info por $ 8.000,00
5	18/ago	Obtenção de um empréstimo de $ 50.000,00 no Banco Money SA, com emissão de uma nota promissória.
6	23/ago	Pagamento de $ 3.000.00 (em dinheiro) a Cia Info, para liquidação de parte da dívida pela compra efetuada no evento 04
7	26/ago	Aumento de capital no valor de $ 30.000,00 pelos sócios, em dinheiro
8	30/ago	Compra à vista (em dinheiro), por $ 80.000,00 de mercadorias para revenda (estoque)

Capítulo 12

CONTAS DE RESULTADO (RECEITA, CUSTO E DESPESA) E A APURAÇÃO DO RESULTADO DO EXERCÍCIO

O resultado de uma empresa pode ser entendido como a diferença entre as despesas/custos e receitas de um período determinado.

São possíveis dois tipos de resultado, o primeiro deles é o lucro que surge quando as receitas são maiores que as despesas.

Exemplo:

Receita	=	100.000
(-) Despesas	=	70.000
(=)Lucro	=	30.000

O segundo é o prejuízo. Ele surge quando as despesas superam as receitas. Exemplo:

Receita	=	150.000
(-) Despesas	=	170.000
(=) Prejuízo	=	-20.000

1. RECEITA

De uma forma simplista, podemos definir receita como sendo o valor auferido com a venda de mercadorias, produtos, prestação de serviços etc, a Resolução CFC nº 1.121/2008, ao tratar do assunto estabelece que a receita abrange tanto receitas propriamente ditas como ganhos.

A receita surge no curso das atividades ordinárias de uma entidade e é designada por uma variedade de nomes, tais como vendas, honorários, juros, dividendos, *royalties* e aluguéis.

Ganhos representam outros itens que se enquadram na definição de receita e podem ou não surgir no curso das atividades ordinárias da entidade, representando aumentos nos benefícios econômicos e, como tal, não diferem, em natureza, das receitas.

Ganhos incluem, por exemplo, aqueles que resultam da venda de ativos não correntes. A definição de receita também inclui ganhos não realizados, por exemplo, os que resultam da reavaliação de títulos negociáveis e os que resultam de aumentos no valor de ativos a longo prazo.

Quando esses ganhos são reconhecidos na demonstração do resultado, eles são usualmente apresentados separadamente; porque sua divulgação é útil para fins de tomada de decisões econômicas. Esses ganhos são, na maioria das vezes, mostrados líquidos das respectivas despesas.

Vários tipos de ativos podem ser recebidos ou aumentados por meio da receita, exemplos incluem caixa, contas a receber, mercadorias e serviços recebidos em troca de mercadorias e serviços fornecidos. A receita também pode resultar da liquidação de passivos. Por exemplo, a entidade pode fornecer mercadorias e serviços a um credor em liquidação da obrigação de pagar um empréstimo

1.1 Reconhecimento de Receitas

A receita é reconhecida na demonstração do resultado quando resulta em um aumento que possa ser determinado em bases confiáveis, nos benefícios econômicos futuros provenientes do aumento de um ativo ou da diminuição de um passivo.

Isso significa, de fato, que o reconhecimento da receita ocorre simultaneamente com o reconhecimento de aumento de ativo ou de diminuição de passivo. Mas isso não significa que todo aumento de ativo ou redução de passivo corresponda a uma receita.

Os procedimentos normalmente adotados na prática para reconhecimento da receita consideram o fato de que a receita deve ter sido ganha.

2. CUSTO

Já o custo é definido como o gasto relativo à aquisição ou produção de um bem de venda ou de uso.

Veja que para uma empresa comercial, o gasto com a aquisição da mercadoria a ser comercializada deve ser, inicialmente classificado no Ativo, como estoque. Por ocasião da venda dessa mercadoria o valor de aquisição torna-se custo (custo da mercadoria vendida) e deve ser transferido para o resultado.

Já para uma empresa industrial todo gasto tido para a fabricação de um determinado produto deverá ser tratado como custo do produto e "estocado". Quando da venda do produto, transfere-se o custo correspondente para uma conta de resultado, normalmente, para o custo dos produtos vendidos (CPV).

3. DESPESA

Já despesa pode ser entendida como o consumo de itens necessários ao desenvolvimento e à manutenção da atividade da empresa.

São exemplos o consumo de água, luz, telefone, mão de obra, aluguel, encargos financeiros, encargos sociais etc.

A Resolução CFC nº 1.121/2008, ao tratar do assunto, estabelece que as despesas abrangem perdas assim como as despesas que surgem no curso das atividades ordinárias da entidade.

As despesas que surgem no curso das atividades ordinárias da entidade incluem, por exemplo, o custo das vendas, salários e depreciação. Geralmente, tomam a forma de um desembolso ou redução de ativos como caixa e equivalentes de caixa, estoques e ativo imobilizado.

Perdas representam outros itens que se enquadram na definição de despesas e podem ou não surgir no curso das atividades ordinárias da entidade, representando decréscimos nos benefícios econômicos e, como tal, não são de natureza diferente das demais despesas.

Perdas incluem, por exemplo, as que resultam de sinistros como incêndio e inundações, assim como as que decorrem da venda de ativos não correntes.

A definição de despesas também inclui as perdas não realizadas, por exemplo, as que surgem dos efeitos dos aumentos na taxa de câmbio de uma moeda estrangeira com relação aos empréstimos a pagar em tal moeda. Quando as perdas são reconhecidas na demonstração do resultado, elas são geralmente demonstradas separadamente, pois sua divulgação é útil para fins de tomada de decisões econômicas. As perdas são geralmente demonstradas líquidas das respectivas receitas.

3.1 Reconhecimento de Despesas

As despesas são reconhecidas na demonstração do resultado quando surge um decréscimo, que possa ser determinado em bases confiáveis, nos futuros benefícios econômicos provenientes da diminuição de um ativo ou do aumento de um passivo.

Isso significa, de fato, que o reconhecimento de despesa ocorre simultaneamente com o reconhecimento do aumento do passivo ou da diminuição do ativo (por exemplo, a provisão para obrigações trabalhistas ou a depreciação de um equipamento).

As despesas são reconhecidas na demonstração do resultado com base na associação direta entre elas e os correspondentes itens de receita. Esse processo, usualmente chamado de confrontação entre despesas e receitas (Regime de Competência), envolve o reconhecimento simultâneo ou combinado das receitas e despesas que resultem diretamente das mesmas transações ou outros eventos; por exemplo, os vários componentes de despesas que integram o custo das mercadorias vendidas devem ser reconhecidos na mesma data em que a receita derivada da venda das mercadorias é reconhecida.

Entretanto, a aplicação do conceito de confrontação da receita e despesa de acordo não autoriza o reconhecimento de itens no balanço patrimonial que não satisfaçam à definição de ativos ou passivos.

Quando se espera que os benefícios econômicos sejam gerados ao longo de vários períodos contábeis, e a confrontação com a correspondente receita somente possa ser feita de modo geral e indireto, as despesas são reconhecidas na demonstração do resultado com base em procedimentos de alocação sistemática e racional. Muitas vezes isso é necessário ao reconhecer despesas associadas com o uso ou desgaste de ativos, tais como imobilizado, ágio, marcas e patentes. Em tais casos, a despesa é designada como depreciação ou amortização.

Esses procedimentos de alocação destinam-se a reconhecer despesas nos períodos contábeis em que os benefícios econômicos associados a tais itens sejam consumidos ou expirem.

Uma despesa é reconhecida imediatamente na demonstração do resultado quando um gasto não produz benefícios econômicos futuros ou quando e na extensão em que os benefícios econômicos futuros não se qualificam, ou deixam de se qualificar, para reconhecimento no balanço patrimonial como um ativo.

Uma despesa é também reconhecida na demonstração do resultado quando um passivo é incorrido sem o correspondente reconhecimento de um ativo, como no caso de um passivo decorrente de garantia de produto.

4. MECANISMO DE DÉBITO E CRÉDITO PARA AS CONTAS DE RESULTADO (DESPESA E RECEITA)

O mecanismo de débito e crédito para as contas de resultado é muito simples. Em um lançamento contábil, as contas de despesas; já contas de receita são creditadas

Exemplificando:

1) Registro da despesa

Despesa com o consumo de lanche no valor de $ 20,00, pago à vista.

Vimos que nosso lançamento contábil "básico" é formado pelo débito, crédito e valor.

Portanto, diante desse fato já temos a conta a ser debitada. É uma conta de despesa ("Despesa com Lanches e Refeições" – ver plano de contas). Basta agora, definirmos qual a conta a ser credita. Como o pagamento foi feito à vista, em dinheiro, tal valor saiu da conta caixa que é um bem registrado no ativo. Conforme regra já comentada em capítulo específico, vimos que a diminuição de um ativo pressupõe crédito da respectiva conta. Como o dinheiro saiu do caixa, devemos creditar a conta caixa. Pronto! O lançamento está feito.

Deste modo, temos:

D – Despesas com Lanches e Refeições

C – Caixa 20,00

LIVRO RAZÃO

Caixa		
500,00	20,00	1
500,00	20,00	
480,00		

	Despesas com Lanches e Refeições	
1	20,00	
	20,00	

2) Registro da receita

Receita recebida a prazo com a prestação de serviço de manutenção de computador, no valor de R$ 100,00. Portanto, diante desse fato já temos a conta a ser creditada. É uma conta de Receita ("Receita de Serviços" – ver plano de contas). Basta agora definirmos qual a conta a ser debitada. Como o pagamento foi feito a prazo, tal valor representa um direito da empresa registrado no ativo. Conforme regra já comentada em capítulo específico, vimos que o aumento de um ativo pressupõe débito da respectiva conta. Como se trata de um valor a receber, devemos debitar a conta "Contas a Receber". Feito isso, já temos nosso lançamento definido, conforme segue:

D – Contas a Receber

C – Receita de Serviços 100,00

LIVRO RAZÃO

	Contas a Receber		
2	100,00	0,00	1
	100,00	0,00	
	100,00		

	Receita de Serviços		
1		100,00	2
	0	100,0	
		100,0	

5. APURAÇÃO DO RESULTADO

Quando a diferença entre receitas e despesas é credora (receitas maiores do que as despesas), o resultado é lucro (saldo credor). Agora, quando a diferença apresentar saldo devedor (despesas maiores do que as receitas), o resultado é prejuízo (saldo devedor).

Caso as receitas obtidas superem as despesas incorridas, o resultado do período contábil será positivo. Deste modo, teremos lucro, aumentando o patrimônio líquido.

Exemplo:

Receita do período	40.000
(-) Despesa do período	(26.000)
(=) Lucro do período	14.000

Se as despesas forem maiores que as receitas, teremos prejuízo, o que diminuirá o Patrimônio Líquido

Exemplo:

Receita do período	38.000
(-) Despesa do período	(50.000)
(=) Prejuízo do período	(12.000)

6. EXEMPLO DE APURAÇÃO DO RESULTADO DO EXERCÍCIO

É através a da apuração do resultado do exercício que as empresas evidenciam o lucro ou o prejuízo do período.

Embora simples, a apuração do resultado do exercício requer alguns procedimentos específicos.

O primeiro deles diz respeito ao encerramento das contas de resultado. Mas somente das contas de resultado. **As contas do ativo e do passivo não devem ser encerradas.**

O encerramento do exercício marca o final do ciclo operacional da empresa que normalmente é anual e encerra-se em 31 de dezembro.

O segundo passo é transferir o resultado apurado para a conta de lucros ou prejuízos acumulados.

Feito isso, podemos distribuir os lucros e levantar o balanço patrimonial.

Para exemplificar, consideremos os seguintes dados que representam as únicas operações da empresa no exercício de 20x1:

1. Subscrição e integralização do capital em dinheiro no valor de : $ 50.000
2. Receita da prestação de serviço recebida à vista (em dinheiro): $ 15.000
3. Despesa com salários paga à vista (em dinheiro): $ 10.000

Diante dessas informações, temos que, primeiramente, efetuar os lançamentos contábeis. Fazendo isso, temos os seguintes lançamentos:

LIVRO DIÁRIO

	D	-	Caixa	50.000,00	
1	C	-	Capital Social		50.000,00
	D	-	Caixa	15.000,00	
2	C	-	Receita de Serviços		15.000,00
	D	-	Despesas com Salários	10.000,00	
3	C	-	Caixa		10.000,00

Com base nesses lançamentos, nosso livro Razão estaria assim representado:

LIVRO RAZÃO

CONTAS PATRIMONIAIS

Caixa

Débito	Crédito
[1] 50.000,00	10.000,00 [3]
[2] 15.000,00	
65.000,00	10.000,00
55.000,00	

Capital Social

Débito	Crédito
	50.000,00 [1]
	50.000,00
	50.000,00

CONTAS DE RESULTADO

Despesas com Salários

Débito	Crédito
[3] 10.000,00	
10.000,00	0
10.000,00	

Receita de Serviços

Débito	Crédito
	15.000,00 [2]
	15.000,00
	15.000,00

Feitos os lançamentos, temos que encerrar as contas de resultado. Para tanto, devemos criar uma conta de resultado transitória (Apuração do Resultado do Exercício – ARE – essa conta é utilizada exclusivamente para apurar o resultado do exercício).

O encerramento das contas de resultado ocorre quando transferimos os saldos das contas de despesas e receitas para a Conta de Apuração do Resultado do Exercício (ARE).

Primeiramente, devemos encerrar todas as contas de receita e, em seguida, todas as contas de despesa.

No exemplo, temos apenas uma conta de receita e uma conta de despesa, se tivéssemos mais contas o procedimento seria idêntico.

Antes de darmos continuidade ao exemplo e encerramento do exercício social da empresa em foco, cabe apresentar um relatório gerado pela contabilidade de suma importância: o balancete que, entre suas diversas funções, pode ser utilizado como ferramenta para verificar se os lançamentos foram corretamente efetuados. Se as colunas saldo "devedor" e saldo "credor" coincidirem, significa que matematicamente os registros contábeis estão corretos. A partir daí é só verificarmos se há necessidade de algum ajuste. Se estiver tudo correto, basta elaborar os lançamentos de encerramento.

De uma forma geral, o balancete de verificação do Razão é a relação de contas, com seus respectivos saldos, extraída dos registros contábeis em determinada data.

Os elementos mínimos que devem constar do balancete são:

a) identificação da Entidade;
b) data a que se refere;
c) abrangência;
d) identificação das contas e respectivos grupos;
e) saldos das contas, indicando se devedores ou credores;
f) soma dos saldos devedores e credores.

Se o balancete se destinar a fins externos deverá conter nome e assinatura do contabilista responsável, sua categoria profissional e número de registro no CRC.

O balancete deve ser levantado, no mínimo, mensalmente.

Empresa "X" Ltda.
CNPJ nº 11.111.111/0001-11

BALANCETE DE VERIFICAÇÃO EM 31.12.20X1

Numero de ordem	Grupo	Contas	Saldo	
			Devedor	Credor
1	AC	Caixa	55.000,00	
2	PL	Capital Social		50.000,00
3	CR	Despesas com Salários	10.000,00	
4	CR	Receita de Serviços		15.000,00
TOTAIS			65.000,00	65.000,00

Como se verifica, os saldos devedores e credores coincidem. Portanto, diante das contas de resultado apresentadas, teremos os seguintes lançamentos de encerramento:

LIVRO DIÁRIO
LANÇAMENTOS DE ENCERRAMENTO

	D	-	Receita de Serviços	15.000,00	
4	C	-	Apuração do Resultado do Exercício		15.000,00
	D	-	Apuração do Resultado do Exercício	10.000,00	
5	C	-	Despesas com Salários		10.000,00

Após os lançamentos de encerramento, o livro Razão teria a seguinte configuração:

CONTAS PATRIMONIAIS

Caixa

Débito	Crédito
[1] 50.000,00	10.000,00 [3]
[2] 15.000,00	
65.000,00	10.000,00
55.000,00	

Capital Social

Débito	Crédito
	50.000,00 [1]
	50.000,00
	50.000,00

CONTAS DE RESULTADO

Despesas com Salários

Débito	Crédito
[3] 10.000,00	10.000,00 [5]
10.000,00	10.000,00
0	

Receita de Serviços

Débito	Crédito
[4] 15.000,00	15.000,00 [2]
15.000,00	15.000,00
	0

Apuração do Resultado do Exercício

Débito	Crédito
10.000,00	15.000,00 [4]
10.000,00	15.000,00
	5.000,00

Como se observa, na conta "Apuração do Resultado do Exercício" ocorreu um saldo credor, o que revela que as operações da empresa resultaram em lucro. No entanto, esse valor precisa ser incorporado ao patrimônio da empresa, devendo figurar no balanço patrimonial.

Da mesma forma que o capital social, os lucros (ou prejuízos) pertencem aos sócios, sendo assim temos que localizar no balanço qual o grupo de contas que representa as obrigações da empresa para com os sócios. Nesse primeiro momento, esse valor compõe o patrimônio líquido, devendo ser alocado em uma conta denomina "Lucros ou Prejuízos Acumulados".

A transferência deve ser feita por meio de lançamento contábil, da seguinte forma:

LANÇAMENTO DE TRANSFERÊNCIA DO RESULTADO APURADO PARA A CONTA DO PATRIMÔNIO LÍQUIDO

6	D	-	Apuração do Resultado do Exercício (CR)	5.000,00	
	C	-	Lucros ou Prejuízos acumulados (PL)		5.000,00

Após esse lançamento, o livro Razão apresentar-se-á da seguinte forma:

CONTAS PATRIMONIAIS

Caixa

	Débito	Crédito	
1	50.000,00	10.000,00	3
2	15.000,00		
	65.000,00	10.000,00	
	55.000,00		

Capital Social (PL)

Débito	Crédito	
	50.000,00	1
	50.000,00	
	50.000,00	

Lucros ou Prejuízos acumulados (PL)

Débito	Crédito	
	5.000,00	1
	5.000,00	
	5.000,00	

Já as contas de resultado estarão encerradas, conforme demonstrado a seguir.

CONTAS DE RESULTADO

Despesas com Salários

	Débito	Crédito	
3	10.000,00	10.000,00	5
	10.000,00	10.000,00	
	0		

Receita de Serviços (CR)

	Débito	Crédito	
4	15.000,00	15.000,00	2
	15.000,00	15.000,00	
		0	

Apuração do Resultado do Exercício (CR)

	Débito	Crédito	
5	10.000,00	15.000,00	4
6	5.000,00		
	15.000,00	15.000,00	
		0	

Após o encerramento do exercício, o balanço patrimonial terá a seguinte configuração:

BALANÇO PATRIMONIAL

ATIVO	
Circulante	**55.000,00**
Caixa	55.000,00
TOTAL DO ATIVO	**55.000,00**
PASSIVO	
Circulante	**0**
Patrimônio Líquido	**55.000,00**
Capital Social (PL)	50.000,00
Lucros ou Prejuízos acumulados (PL)	5.000,00
TOTAL DO PASSIVO	**55.000,00**

Apurado o resultado do exercício, surge a figura de uma nova demonstração: a Demonstração do Resultado do Exercício (DRE). De uma forma simplista, podemos dizer que a DRE nada mais é do que a soma algébrica de todas as receitas e despesas. Essa demonstração, da mesma forma que o balanço, segue uma ordem lógica, conforme vimos no capítulo 7 deste livro. Mas, para fins didáticos, cabe aqui apresentá-la de forma simplificada, conforme segue:

Receitas:		
Receita de Serviços	15.000,00	
Despesas		
Despesas com salários	(10.000,00)	
Lucro do Exercício		5.000,00

7. ATIVIDADE PRÁTICA 4

Com base nos eventos a seguir, elabore, na ordem o livro Diário das operações 1 a 8 e o livro Razão. Em seguida, elabore o balancete de verificação. Se as colunas débito e crédito coincidirem, proceda ao encerramento das contas de resultado dando continuidade ao livro Diário e ao livro Razão. Em seguida, elabore o Balanço Patrimonial e a Demonstração do Resultado do Exercício simplificada.

Cia. Nova Era.

Transações ocorridas em agosto/20X1:

Data	Nº	EVENTO Eventos ocorridos em setembro	VALOR
1	1	Subscrição e integralização, em dinheiro, do capital social.	17.000,00
4	2	Pagamento à vista de despesa com material utilizado (consumido) nos trabalhos (custo dos serviços)	5.000,00
5	3	Pagamento à vista referente despesa com impostos e taxas diversas	1.000,00
10	4	Prestação de serviço e recebimento no ato	14.000,00
23	5	Compra de computadores da Cia Info, a prazo, para uso no escritório.	6.000,00
30	6	Prestação de serviço e recebimento no ato	7.000,00
30	7	Pagamento, à vista, de despesas com ordenados e salários dos empregados	3.000,00
30	8	Pagamento, à vista, de despesa com aluguel do imóvel onde está instalada a empresa.	2.000,00

Capítulo 13

Princípios de Contabilidade

Em outubro de 2016, a comunidade contábil foi abalada pela revogação da Resolução CFC nº 750/1993, que tratava dos princípios contábeis, o que levou muitos a pensar que os princípios contábeis estariam extintos.

A revogação se deu por meio da Norma Brasileira de Contabilidade Aplicada ao Setor Público (NBC TSP) – Estrutura Conceitual.

Pouco tempo depois, o Conselho Federal de Contabilidade emitiu nota (ver íntegra em:

<http://cfc.org.br/noticias/revogacao-da-resolucao-no-7501993-contexto-e-consideracoes/>) na qual esclarece com muita propriedade que a revogação da Resolução nº 750/1993 não significa que os Princípios de Contabilidade estejam extintos e conclui que a revogação das resoluções visa à unicidade conceitual, indispensável para evitar divergências na concepção doutrinária e teórica, que poderiam comprometer aspectos formais das Normas Brasileiras de Contabilidade (NBCs).

Ao instrumentalizar sua nota, o CFC esclareceu que os Princípios de Contabilidade, sob o ponto de vista das Estruturas Conceituais dos setores privado e público, passaram a ser comportados dentro das normas específicas, respectivamente, a NBC TG Estrutura Conceitual (Resolução nº 1.374/2011) e NBC TSP Estrutura Conceitual, o que tornou necessária a revogação da Resolução nº 750/1993, para evitar eventual conflito de referência conceitual.

Na prática, esse foi mais um passo dado na inserção do Brasil no padrão internacional.

Abaixo é feito o cotejo entre a Resolução CFC nº 750/1993 (e alterações posteriores) e a NBC TG ESTRUTURA CONCEITUAL – Estrutura Conceitual para Elaboração e Divulgação de Relatório

Contábil-Financeiroe/ou a NBC TSP ESTRUTURA CONCEITUAL – Estrutura Conceitual para Elaboração e Divulgação de Informação Contábil de Propósito Geral pelas Entidades do Setor Público NBC SP EC.

1. PRINCÍPIO DA ENTIDADE

Sobre esse princípio, o art. 4º da Resolução CFC nº 750/1993 assim dispõe:

> *"Art. 4º O Princípio da ENTIDADE reconhece o Patrimônio como objeto da Contabilidade e afirma a autonomia patrimonial, a necessidade da diferenciação de um Patrimônio particular no universo dos patrimônios existentes, independentemente de pertencer a uma pessoa, um conjunto de pessoas, uma sociedade ou instituição de qualquer natureza ou finalidade, com ou sem fins lucrativos. Por consequência, nesta acepção, o Patrimônio não se confunde com aqueles dos seus sócios ou proprietários, no caso de sociedade ou instituição.*
>
> *Parágrafo único – O PATRIMÔNIO pertence à ENTIDADE, mas a recíproca não é verdadeira. A soma ou agregação contábil de patrimônios autônomos não resulta em nova ENTIDADE, mas numa unidade de natureza econômico-contábil."*

Desse modo, o princípio da entidade afirma que o patrimônio deve revestir-se do atributo de autonomia em relação a todos os outros patrimônios existentes, pois pertence a uma entidade, entendida como um sujeito suscetível à aquisição de direitos e obrigações.

Como se observa, o cerne do princípio da entidade está na autonomia do patrimônio a ela pertencente.

No tocante à NBC TG EC é feito referência à entidade que reporta a informação, no entanto, com anotação de que será acrescentado futuramente.

Já a NBC SP EC traz capítulo específico sobre o tema. É o capítulo 4.

2. PRINCÍPIO DA CONTINUIDADE

O princípio da continuidade pressupõe que a entidade continuará em operação no futuro e, portanto, a mensuração e a apresentação dos componentes do patrimônio levam em conta esta circunstância.

Na NBC TG EC o tema é tratado no subitem 4.1, que assim dispõe:

> *"4.1.As demonstrações contábeis normalmente são elaboradas tendo como premissa que a entidade está em atividade (going concern assumption) e irá manter-se em operação por um futuro previsível. Desse modo, parte-se do pressuposto de que a entidade não tem a intenção, nem tampouco a necessidade, de entrar em processo de liquidação ou de reduzir materialmente a escala de suas operações. Por outro lado, se essa intenção ou necessidade existir, as demonstrações contábeis podem ter que ser elaboradas em bases diferentes e, nesse caso, a base de elaboração utilizada deve ser divulgada."*

3. PRINCÍPIO DA OPORTUNIDADE

Segundo a Resolução CFC nº 750/1993, o princípio da oportunidade refere-se ao processo de mensuração e apresentação dos componentes patrimoniais para produzir informações íntegras e tempestivas.

A falta de integridade e tempestividade na produção e na divulgação da informação contábil pode ocasionar a perda de sua relevância, por isso, é necessário ponderar a relação entre a oportunidade e a confiabilidade da informação.

O princípio da oportunidade abarca dois aspectos distintos, mas complementares: a integridade e a tempestividade. Por isso, muitos autores preferem denominá-lo de "princípio da universalidade". Em linhas gerais, a integridade diz respeito à necessidade de as variações serem reconhecidas na sua totalidade, isto é, sem qualquer falta ou excesso.

Refere-se, pois, à completeza da apreensão, que não admite a exclusão de quaisquer variações monetariamente quantificáveis.

Como as variações incluem elementos quantitativos e qualitativos, bem como os aspectos físicos pertinentes, e levando-se em conta, ainda, que a avaliação é regida por princípios próprios, a integridade diz respeito, fundamentalmente, às variações em si.

Isso, todavia, não elimina a necessidade do reconhecimento das variações nos casos em que não há certeza definitiva da sua ocorrência, mas somente o alto grau de possibilidade.

Já a tempestividade obriga a que as variações sejam registradas no momento em que ocorrerem, mesmo na hipótese de alguma incerteza. Caso não seja seguido esse preceito, ficarão:

a) incompletos os registros sobre o patrimônio;
b) insuficientes quaisquer demonstrações ou relatos; e
c) falseadas as conclusões, diagnósticos e prognósticos.

Na NBC TG EC, o tema é tratado no subitem QC12 a QC16, no QC 19 e no QC 29. No que diz respeito a representação fidedigna, o QC12 e QC 19 assim estabelecem:

> *"QC12. Os relatórios contábil-financeiros representam um fenômeno econômico em palavras e números. Para ser útil, a informação contábil-financeira não tem só que representar um fenômeno relevante, mas tem também que representar com fidedignidade o fenômeno que se propõe representar. Para ser representação perfeitamente fidedigna, a realidade retratada precisa ter três atributos. Ela tem que ser completa, neutra e livre de erro. É claro, a perfeição é rara, se de fato alcançável. O objetivo é maximizar referidos atributos na extensão que seja possível."*
>
> ...
>
> *QC19. Comparabilidade, verificabilidade, tempestividade e compreensibilidade são características qualitativas que melhoram a utilidade da informação que é relevante e que é representada com fidedignidade. As características qualitativas de melhoria podem também auxiliar a determinar qual de duas alternativas que sejam consideradas equivalentes em termos de relevância e fidedignidade de representação deve ser usada para retratar um fenômeno."*

No que diz respeito à tempestividade, a NBC TG EC esclarece que:

"QC29. Tempestividade significa ter informação disponível para tomadores de decisão a tempo de poder influenciá-los em suas decisões. Em geral, a informação mais antiga é a que tem menos utilidade. Contudo, certa informação pode ter o seu atributo tempestividade prolongado após o encerramento do período contábil, em decorrência de alguns usuários, por exemplo, necessitarem identificar e avaliar tendências.".

4. PRINCÍPIO DO REGISTRO PELO VALOR ORIGINAL

O princípio do registro pelo valor original determina que os componentes do patrimônio devem ser inicialmente registrados pelos valores originais das transações, expressos em moeda nacional.

Nota-se que o referido princípio passou a contemplar as seguintes bases de mensuração:

I. Custo histórico. Os ativos são registrados pelos valores pagos ou a serem pagos em caixa ou equivalentes de caixa ou pelo valor justo dos recursos que são entregues para adquiri-los na data da aquisição. Os passivos são registrados pelos valores dos recursos que foram recebidos em troca da obrigação ou, em algumas circunstâncias, pelos valores em caixa ou equivalentes de caixa, os quais serão necessários para liquidar o passivo no curso normal das operações; e

II. Variação do custo histórico. Uma vez integrados ao patrimônio, os componentes patrimoniais, ativos e passivos, podem sofrer variações decorrentes dos seguintes fatores:

a) Custo corrente. Os ativos são reconhecidos pelos valores em caixa ou equivalentes de caixa, os quais teriam de ser pagos se esses ativos ou ativos equivalentes fossem adquiridos na data ou no período das demonstrações contábeis. Os passivos são reconhecidos pelos valores em caixa ou equivalentes de caixa, não descontados, que seriam necessários para liquidar a obrigação na data ou no período das demonstrações contábeis;

b) Valor realizável. Os ativos são mantidos pelos valores em caixa ou equivalentes de caixa, os quais poderiam ser obtidos pela venda em uma forma ordenada. Os passivos são mantidos pelos valores em caixa e equivalentes de caixa, não descontados, que se espera seriam pagos para liquidar as correspondentes obrigações no curso normal das operações da entidade;
c) Valor presente. Os ativos são mantidos pelo valor presente, descontado do fluxo futuro de entrada líquida de caixa que se espera seja gerado pelo item no curso normal das operações da entidade. Os passivos são mantidos pelo valor presente, descontado do fluxo futuro de saída líquida de caixa que se espera seja necessário para liquidar o passivo no curso normal das operações da entidade;
d) Valor justo. É o valor pelo qual um ativo pode ser trocado, ou um passivo liquidado, entre partes conhecedoras, dispostas a isso, em uma transação sem favorecimentos; e
e) Atualização monetária. Os efeitos da alteração do poder aquisitivo da moeda nacional devem ser reconhecidos nos registros contábeis mediante o ajustamento da expressão formal dos valores dos componentes patrimoniais.

A NBC TG EC dedicou ao tema os itens 4.54, 4.55 e 4.56 que tratam da mensuração dos elementos das demonstrações contábeis. Referidos itens estão assim retratados:

> *"4.54. Mensuração é o processo que consiste em determinar os montantes monetários por meio dos quais os elementos das demonstrações contábeis devem ser reconhecidos e apresentados no balanço patrimonial e na demonstração do resultado. Esse processo envolve a seleção da base específica de mensuração.*
>
> *4.55. Um número variado de bases de mensuração é empregado em diferentes graus e em variadas combinações nas demonstrações contábeis. Essas bases incluem o que segue:*
>
> *Custo histórico. Os ativos são registrados pelos montantes pagos em caixa ou equivalentes de caixa ou pelo valor justo dos recursos entregues para adquiri-los na data da aquisição. Os*

passivos são registrados pelos montantes dos recursos recebidos em troca da obrigação ou, em algumas circunstâncias (como, por exemplo, imposto de renda), pelos montantes em caixa ou equivalentes de caixa se espera serão necessários para liquidar o passivo no curso normal das operações.

Custo corrente. Os ativos são mantidos pelos montantes em caixa ou equivalentes de caixa que teriam de ser pagos se esses mesmos ativos ou ativos equivalentes fossem adquiridos na data do balanço. Os passivos são reconhecidos pelos montantes em caixa ou equivalentes de caixa, não descontados, que se espera seriam necessários para liquidar a obrigação na data do balanço.

Valor realizável (valor de realização ou de liquidação). Os ativos são mantidos pelos montantes em caixa ou equivalentes de caixa que poderiam ser obtidos pela sua venda em forma ordenada. Os passivos são mantidos pelos seus montantes de liquidação, isto é, pelos montantes em caixa ou equivalentes de caixa, não descontados, que se espera serão pagos para liquidar as correspondentes obrigações no curso normal das operações.

Valor presente. Os ativos são mantidos pelo valor presente, descontado, dos fluxos futuros de entradas líquidas de caixa que se espera seja gerado pelo item no curso normal das operações. Os passivos são mantidos pelo valor presente, descontado, dos fluxos futuros de saídas líquidas de caixa que se espera serão necessários para liquidar o passivo no curso normal das operações.

4.56. A base de mensuração mais comumente adotada pelas entidades na elaboração de suas demonstrações contábeis é o custo histórico. Ele é normalmente combinado com outras bases de mensuração. Por exemplo, os estoques são geralmente mantidos pelo menor valor entre o custo e o valor líquido de realização, os títulos e valores mobiliários negociáveis podem em determinadas circunstâncias ser mantidos a valor de mercado e os passivos decorrentes de pensões são mantidos pelo seu valor presente. Ademais, em algumas circunstâncias, determinadas entidades usam a base de custo corrente como resposta à

> *incapacidade de o modelo contábil de custo histórico enfrentar os efeitos das mudanças de preços dos ativos não monetários."*

5. PRINCÍPIO DA COMPETÊNCIA

O princípio da competência determina que os efeitos das transações e outros eventos sejam reconhecidos nos períodos a que se referem, independentemente do recebimento ou pagamento.

Também ficou estabelecido que o princípio da competência pressupõe a simultaneidade da confrontação de receitas e de despesas correlatas.

O tema foi tratado pela NBC TG EC em seção própria que aborda a *performance* financeira refletida pelo regime de competência (accruals) – itens OB17 a OB20.

> *"OB17. O regime de competência retrata com propriedade os efeitos de transações e outros eventos e circunstâncias sobre os recursos econômicos e reivindicações da entidade que reporta a informação nos períodos em que ditos efeitos são produzidos, ainda que os recebimentos e pagamentos em caixa derivados ocorram em períodos distintos. Isso é importante em função de a informação sobre os recursos econômicos e reivindicações da entidade que reporta a informação, e sobre as mudanças nesses recursos econômicos e reivindicações ao longo de um período, fornecer melhor base de avaliação da performance passada e futura da entidade do que a informação puramente baseada em recebimentos e pagamentos em caixa ao longo desse mesmo período.*
>
> *OB18. Informações sobre a performance financeira da entidade que reporta a informação durante um período que são reflexos de mudanças em seus recursos econômicos e reivindicações, e não da obtenção adicional de recursos diretamente de investidores e credores (ver item OB21), são úteis para avaliar a capacidade passada e futura da entidade na geração de fluxos de caixa líquidos. Essas informações servem de indicativos*

da extensão em que a entidade que reporta a informação tenha aumentado seus recursos econômicos disponíveis, e dessa forma sua capacidade de gerar fluxos de caixa líquidos por meio de suas operações e não pela obtenção de recursos adicionais diretamente de investidores e credores.

OB19. Informações sobre a performance financeira da entidade que reporta a informação durante um período também podem ser indicativos da extensão em que determinados eventos, tais como mudanças nos preços de mercado ou nas taxas de juros, tenham provocado aumento ou diminuição nos recursos econômicos e reivindicações da entidade, afetando, por conseguinte a capacidade de a entidade gerar a entrada de fluxos de caixa líquidos."

6. PRINCÍPIO DA PRUDÊNCIA

O princípio da prudência determina a adoção do menor valor para os componentes do ATIVO e do maior para os do PASSIVO, sempre que se apresentem alternativas igualmente válidas para a quantificação das mutações patrimoniais que alterem o patrimônio líquido.

A atual versão da Estrutura Conceitual para Elaboração e Divulgação de Relatório Contabil-Financeiro não recepcionou o princípio da prudência, diferentemente do que a ocorreu com sua antecessora – Resolução nº CFC 1.121/2008. No entanto, isso não significa a extinção do princípio, como tão bem esclareceu o CFC na nota comentada ao início deste capítulo.

Há a expectativa de que, oportunamente, haja a revisão da atual Estrutura Conceitual para Elaboração e Divulgação de Relatório Contabil-Financeiro. Nesse ínterim, recomenda-se a manutenção do conceito trazido pela Resolução CFC nº 1.121/2008, que embora também revogada, tem a redação mais "moderna" do que a redação trazida pela Resolução nº 750/1993.

Abaixo reproduzimos o item 37 da Resolução nº CFC 1.121/2008.

"37. Os preparadores de demonstrações contábeis se deparam com incertezas que inevitavelmente envolvem certos eventos e circunstâncias, tais como a possibilidade de recebimento de

contas a receber de liquidação duvidosa, a vida útil provável das máquinas e equipamentos e o número de reclamações cobertas por garantias que possam ocorrer. Tais incertezas são reconhecidas pela divulgação da sua natureza e extensão e pelo exercício de prudência na preparação das demonstrações contábeis. Prudência consiste no emprego de um certo grau de precaução no exercício dos julgamentos necessários às estimativas em certas condições de incerteza, no sentido de que ativos ou receitas não sejam superestimados e que passivos ou despesas não sejam subestimados. Entretanto, o exercício da prudência não permite, por exemplo, a criação de reservas ocultas ou provisões excessivas, a subavaliação deliberada de ativos ou receitas, a superavaliação deliberada de passivos ou despesas, pois as demonstrações contábeis deixariam de ser neutras e, portanto, não seriam confiáveis."

Capítulo 14

RECONHECIMENTO DE DESPESAS E RECEITAS E O PRINCÍPIO DA COMPETÊNCIA

Observa-se que as receitas e despesas devem ser reconhecidas independentemente de seu recebimento ou pagamento, isto se deve por conta da aplicação do princípio da competência.

Sintetizando o que vimos no Capítulo 11, o princípio da competência estabelece que as receitas e as despesas devem ser incluídas na apuração do resultado da empresa do período em que ocorrerem, sempre simultaneamente quando se correlacionarem, independentemente de recebimento ou pagamento.

1. APLICAÇÃO DO PRINCÍPIO DA COMPETÊNCIA

Em relação às receitas, a aplicação prática do princípio da competência significa que numa venda feita em dezembro, para recebimento em janeiro do ano seguinte, a receita de venda deverá ser contabilizada no mês de dezembro;

Já o salário dos empregados do mês de dezembro, a ser pago no mês de janeiro do ano seguinte, deve ser contabilizado como despesa do mês de dezembro.

De uma forma mais simplista, podemos dizer que o "fato gerador" da despesa é o seu consumo. Já em relação à receita, o seu "fato gerador" ocorre quando da tradição (entrega) da mercadoria ou prestação do serviço.

2. ADIANTAMENTO DE CLIENTES

É comum na maioria das empresas o recebimento de adiantamento de clientes. O recebimento de tais valores não pode ser tratado como receita mas, sim, como uma obrigação do beneficiário para com o cliente.

O valor recebido somente se tornará receita quando o beneficiário do rendimento entregar a mercadoria ou prestar o serviço contratado. Esse é um outro exemplo clássico da aplicação do princípio da competência

Exemplo:

Adiantamento recebido pela empresa "A" da empresa "B", em 01.12, por conta da prestação de serviços de pintura.

Quando do recebimento do adiantamento, tem-se o seguinte lançamento:

D - Caixa (AC)
C - Adiantamento de Clientes (PC) 100.000,00

À medida que o serviço for sendo concluído, deve-se reconhecer a receita correspondente.

Dando continuidade ao exemplo, consideremos que em 31 de dezembro 70% do serviço tenha sido concluído. Portanto, nessa data, a empresa deverá reconhecer 70% do valor do adiantamento recebido como receita do período.

Portanto, em 31 de dezembro teríamos o seguinte lançamento:

D - Adiantamento de clientes (PC)
C - Receita de serviços (CR) 70.000,00

No exercício seguinte, quando a empresa concluir o serviço deverá ser reconhecido como receita o valor restante (R$ 30.000,00).

3. ADIANTAMENTO A FORNECEDORES

Naturalmente, a empresa que toma o serviço mas não o recebe no momento não pode considerar o valor pago como despesa do período. Nessa situação surge a figura do adiantamento a fornecedores.

Utilizando os mesmos dados do item anterior, teremos o seguinte lançamento contábil por ocasião da concessão do adiantamento:

D - Adiantamento a Fornecedores (AC)
C - Caixa (AC) 100.000,00

À medida que o serviço for sendo concluído, deve-se reconhecer a despesa incorrida.

Como vimos, em 31 de dezembro 70% do serviço já tinha sido concluído. Portanto, nessa data, a empresa tomadora do serviço deverá reconhecer 70% do valor do adiantamento pago como despesa do período.

Portanto, em 31 de dezembro teríamos o seguinte lançamento:

D - Despesas com Manutenção (CR)
C - Adiantamento a fornecedores (PC) 70.000,00

No exercício seguinte, quando o serviço for concluído, deverá ser reconhecido como despesa o valor restante (R$ 30.000,00).

4. DESPESAS PAGAS ANTECIPADAMENTE

É muito comum, também, o pagamento antecipado de despesas.

São exemplos:

- os seguros pagos antecipadamente,
- os aluguéis pagos antecipadamente, e
- as assinaturas de jornais e revistas.

Chama-se a atenção para o fato de que nas situações colocadas não existe o consumo, "fato gerador da despesa". Na verdade a empresa está adquirindo um ativo (bem ou direito) que, mensalmente, vai se transformar em despesa na medida em que for consumido.

Pode parecer estranho que uma despesa antecipada seja classificada no ativo, mas é isso mesmo!

Observe-se que na hipótese de uma despesa paga antecipadamente não ocorre o fato gerador da despesa (o consumo, propriamente dito).

Para exemplificar, consideremos os seguros pagos antecipadamente.

Esse tipo de gasto tido pela empresa tem a função de segurar os bens da empresa por um período relativamente longo. Normalmente pelo período de um ano ou mais. Portanto, mesmo que a empresa pague o valor à vista, o valor desembolsado não poderá ser reconhecido como despesa porquanto não ocorreu o consumo da despesa. Além disso, se a empresa desistir do seguro, poderá pedir ressarcimento à seguradora. Esse dois fatos aliados indicam que o valor desembolsado não pode ser registrado como despesa, porquanto se caracteriza como um ativo, pois a empresa dispõe de um direito

Desse modo, a classificação do pagamento antecipado deve ser registrada como um direito no ativo circulante ou no ativo não circulante, especificamente no realizável a longo prazo, conforme o caso.

Exemplo: seguro válido por um ano pago antecipadamente em 01.08.X1, no valor de R$ 12.000,00.

Contabilmente temos os seguintes registros:

Por ocasião da aquisição do ativo

D - Seguros pagos antecipadamente (AC)
C - Caixa (AC) 12.000,00

No mês de dezembro (ou a cada mês, à razão de 1/12 ao mês)

D - Despesas com seguros (CR)
C - Seguros pagos antecipadamente (AC) 5.000,00

Para o ano de 20X2, a empresa deverá reconhecer como despesa de seguros o valor estante (R$ 7.000,00).

5. ATIVIDADE PRÁTICA 5

Cia Start

A Cia. acima presta serviços de manutenção de refrigeradores e iniciou suas atividades em 01.08.20X1. Até 31.08.X1, ocorreram as transações descritas abaixo.

Com base nos eventos a seguir, elabore, na ordem, o livro Diário das operações 1 a 9 e o livro Razão. Em seguida elabore o balancete de verificação. Se as colunas débito e crédito coincidirem, proceda ao encerramento das contas de resultado dando continuidade ao livro Diário e ao livro Razão. Em seguida, elabore o Balanço Patrimonial e a Demonstração do Resultado do Exercício simplificada.

Data	Nº	EVENTO
		Eventos ocorridos em setembro
1	1	Dois sócios formaram a sociedade, com a participação de $ 80.000,00 de cada. O capital foi integralizado em dinheiro. O valor total foi entregue ao gerente da firma.
2	2	No dia seguinte, o gerente depositou 70% do dinheiro no Banco Alfa.
3	3	A Cia comprou um veículo a prazo, no valor de $ 40.000,00.
4	4	A empresa contratou seguro do veículo por um ano, no valor de R$ 3.000,00, pagamento à vista, em cheque.
15	5	A Cia. prestou serviços, pelo qual cobrou R$ 8.000,00. O valor foi recebido à vista e depositado no banco.
21	6	A Cia. prestou serviços para recebimento a prazo, no valor de R$ 9.000,00.
28	7	A Cia. pagou 50% da compra a prazo (veículos), referente evento 3. O pagamento foi feito em cheque.
31	8	Os salários **do mês** de agosto dos empregados, no valor de $ 6.000, serão pagos no mês seguinte, ou seja somente em setembro/20x1.
31	9	Reconhecer, a despesa com seguro incorrida no período (1/12 avos).

Capítulo 15

OPERAÇÕES COM MERCADORIAS E OS IMPOSTOS INCIDENTES

As mercadorias são bens que as empresas compram (no caso de empresas comerciais) para revender. No caso de empresas industriais, elas fabricam e depois vendem a terceiros.

É fato que nas empresas comerciais, a compra e venda de mercadorias caracteriza-se como o principal negócio da empresa, deste modo, neste capítulo, é comentado o tratamento dispensado às operações de compra e venda de mercadorias e suas implicações na contabilidade.

1. AVALIAÇÃO DOS ESTOQUES

O registro das operações de compra de mercadorias está intimamente ligado com a forma com que a empresa avalia seus estoques. São dois os sistemas que podem ser adotados:

- O sistema permanente; ou
- O sistema periódico.

No sistema permanente, como o próprio nome diz, o controle é feito permanentemente. Na prática, isso significa dizer que no momento em que a empresa faz uma nova compra, o custo dessa nova compra é adicionado ao estoque. A adoção desse sistema é recomendável, porquanto é possível determinar o custo da mercadoria vendida no momento em que se faz a operação de venda.

Portanto, no momento da venda, devem-se efetuar dois lançamentos contábeis, no mínimo, o lançamento de venda e o lançamento de baixa dos estoques, por meio desse sistema, é possível saber, além do custo da mercadoria vendida, o saldo efetivo em estoque.

Já no sistema periódico, o estoque e o CMV somente são conhecidos por ocasião da contagem física dos estoques.

2. REGISTRO DAS COMPRAS E VENDAS NO SISTEMA PERMANENTE

2.1 Registro das compras

O registro contábil nas operações de compras, quando a empresa adota o sistema permanente, é muito simples. Registra-se a conta do ativo que vai receber o bem e credita-se o caixa, se o pagamento foi feito à vista, ou fornecedores (contas a pagar), se o pagamento foi acordado para ser efetuado futuramente.

Exemplo:

No desenvolvimento do exemplo, consideremos que determinada empresa tenha adquirido 10 máquinas calculadoras para revenda no valor de R$ 15,00 cada uma. Portanto, o registro contábil neste caso seria:

LIVRO DIÁRIO

1	D	-	Estoque	150	
	C	-	Fornecedores		150

LIVRO RAZÃO

Estoque			Fornecedores		
1	150,00			150,00	1
	150,00	0,00		150,00	
	150,00			**150,00**	

2.2 Registro das vendas

Vimos anteriormente, que a operação de venda quando a empresa adota o sistema de inventário permanente requer, no mínimo, dois lançamentos, o lançamento de venda propriamente dito e o lançamento de baixa dos estoques.

Continuando o exemplo desenvolvido no subitem 2.1, acima, consideremos que a empresa tenha vendido seis calculadoras por R$ 25,00 cada uma, neste caso, o lançamento de venda, será:

LIVRO DIÁRIO

	D	-	Contas a Receber	150,00	
2	C	-	Venda de Mercadorias		150,00

LIVRO RAZÃO

Contas a Receber

	Débito	Crédito
2	150,00	
	150,00	0,00
	150,00	

Venda de Mercadorias

Débito	Crédito	
	150,00	2
0	150,00	
	150,00	

Já o lançamento de baixa de estoque consiste em reconhecer, no momento da venda, o valor do custo da mercadoria vendida (CMV).

Veja que o CMV, neste caso, corresponde a 6 unidades x R$ 15,00 = R$ 90,00. Portanto, esse é o valor que devemos baixar dos estoques.

O lançamento, neste caso, será:

LIVRO DIÁRIO

3	D	-	CMV	90,00	
	C	-	Estoques		90,00

LIVRO RAZÃO

	Estoque		
1	150	90	3
	150	90	
	60		

	CMV	
3	90	
	90	0
	90	

Como se observa, a conta estoque mostra o valor dos nossos estoques. Já a conta CMV mostra quanto custaram para a empresa as mercadorias vendidas. Se observarmos bem, veremos que nessa operação a empresa teve um ganho de R$ 60,00. Ela vendeu por R$ 150,00, as mercadorias que custaram, R$ 90,00.

3. REGISTRO DAS COMPRAS E VENDAS NO SISTEMA PERIÓDICO

3.1 Registro das compras

No sistema período, o registro da entrada da mercadoria não pode ser feito na conta estoques, deve-se utilizar uma conta transitória de resultado denominada "Compras". Essa conta acumulará todas as compras ocorridas no período. Por esse sistema, essa conta será encerrada no final do período, quando for feita a contagem dos estoques (quando for apurado o estoque final, mediante inventário físico).

No desenvolvimento do exemplo, consideremos que determinada empresa tenha adquirido mercadorias durante o ano no valor de R$ 500.000,00.

O registro contábil será:

LIVRO DIÁRIO

1	D	-	Compras	500.000,00	
	C	-	Fornecedores		500.000,00

LIVRO RAZÃO

	Compras		
1	500.000,00		
	500.000,00	0	
	500.000,00		

Fornecedores		
	500.000,00	1
	500.000,00	
	500.000,00	

3.2 Registro das vendas

No sistema periódico, o registro das vendas não difere do sistema permanente. O que não temos condições de fazer, por ocasião das vendas, é a baixa dos estoques. Essa baixa, conforme foi falado anteriormente, somente será efetuada por ocasião da contagem dos estoques

Para exemplificar , consideremos que a empresa efetua vendas, no período, no valor de R$ 800.000,00. Neste caso, teremos o seguinte lançamento contábil:

LIVRO DIÁRIO

2	D -	Contas a Receber	800.000,00	
	C -	Vendas de Mercadorias		800.000,00

3.3 Apuração do custo

No sistema periódico de avaliação dos estoques, o custo será apurado mediante a aplicação da seguinte fórmula:

$$CMV = EI + C - EF$$

Onde:

CMV = Custo das mercadorias Vendidas

EI = Estoque inicial (no início do período)

C = Compras

EF = Estoque final (estoque no final do período)

O estoque inicial e as compras são de fácil identificação, pois constam da escrituração contábil. Já o estoque final precisa ser apurado. No final do exercício (normalmente, em 31 de dezembro de cada ano), a empresa precisa fazer a contagem de seus estoques.

No exemplo, consideremos que nossa empresa trabalhe apenas com um tipo de mercadoria e que no final do ano o inventário físico mostrou que a empresa tinha em estoque 3.000 unidades da mercadoria "X".

Ao valorar esse estoque, por meio das últimas aquisições, o contador identificou que cada unidade havia sido comprada por R$ 150,00. Portanto, o estoque final totaliza R$ 450.000,00 (3.000 unidades x R$ 150,00).

Para darmos continuidade ao nosso exemplo, consideremos que o estoque inicial registrado nos livros da empresa seja de R$ 100.000,00.

Já as compras totalizaram R$ 500.000,00, conforme lançamento feito anteriormente.

Desta forma, ao aplicarmos a fórmula chegamos a um CMV de: R$ 150.000,00, assim determinado:

CMV	= EI	+ C	- EF
CMV	= 100.000,00	+ 500.000,00	- 450.000,00
CMV	= 150.000,00		

3.3.1 Determinação do custo por meio da contabilidade

Como se observa a CMV acima foi determinado tendo como base uma fórmula matemática. No entanto, esse valor ainda não está registrado na contabilidade. A nossa tarefa, agora, é transferir essa fórmula matemática para a contabilidade.

Para tanto, temos que considerar os registros contábeis efetuados no encerramento do período de apuração (normalmente, em 31 de dezembro).

Com base nos dados constantes desse item 3 e subitem, temos os seguintes Razões (antes do encerramento do exercício):

LIVRO RAZÃO

	Estoque	
EI	100.000,00	
	100.000,00	0
	100.000,00	

CMV	
	0
	0

	Compras	
1	500.000,00	
	500.000,00	0
	500.000,00	

Agora, precisamos "contabilizar" a formula do CMV. Na prática isso significa dizer que temos que transferir o estoque inicial e as compras para a conta CMV e introduzir o estoque final na conta estoques.

Portanto, o primeiro passo é transferirmos o estoque inicial para a conta CMV, conforme segue:

1	D -	CMV	100.000,00	
	C -	Estoques		100.000,00

Em seguida, temos que transferir as compras também para o CMV, conforme segue:

2	D -	CMV	500.000,00	
	C -	Compras		500.000,00

Agora, temos que introduzir o estoque final na contabilidade da empresa, conforme segue:

3	D -	Estoques	450.000,00	
	C -	CMV		450.000,00

Feitos os lançamentos, o livro Razão apresentar-se-á da seguinte forma:

LIVRO RAZÃO

Estoque

	Débito	Crédito	
EI	100.000,00	100.000,00	1
3	450.000,00		
	550.000,00	100.000,00	
	450.000,00		

CMV

	Débito	Crédito	
1	100.000,00	450.000,00	3
2	500.000,00		
	600.000,00	450.000,00	
	150.000,00		

Compras

Débito	Crédito
500.000,00	500.000,00
500.000,00	500.000,00
0	

4. A QUESTÃO DOS IMPOSTOS NAS OPERAÇÕES DE COMPRA E VENDA

É fato que quando compramos uma mercadoria, no valor pago está embutida uma série de tributos. Em termos práticos, no caso de consumidores pessoas físicas, essa questão não é relevante, pois os tributos pagos incorporam o valor da mercadoria. Agora, em se tratando de pessoa jurídica, a questão é um pouco diferente.

As pessoas jurídicas cuja atividade seja a compra e venda de mercadorias podem recuperar alguns impostos pagos na aquisição dos produtos destinados à comercialização, especificamente os impostos não cumulativos. Como exemplo, temos o ICMS, o IPI, o PIS e a Cofins.

De forma objetiva, podemos dizer que os estoques devem estar "livres" de tais valores. Ao expurgarmos o valor dos tributos não cumulativos dos estoques surge um direito para a empresa: um crédito de imposto, que na contabilidade será expresso, no caso do ICMS a recuperar. Esse conceito vale para o PIS e Cofins, caso a empresa esteja no regime não cumulativo desses tributos, e também para o IPI, caso se trate de empresa industrial. Caso contrário, o IPI será tratado como custo dos estoques.

É importante ressaltar que da mesma forma que a empresa se credita do valor de alguns impostos quando ela compra a mercadoria, ela se debita, ou seja, ela passa a ser devedora quando da venda da mercadoria anteriormente adquirida ou produzida. Neste caso, contabilmente será gerada uma obrigação, comumente denominada, no caso do ICMS, como ICMS a Recolher.

Exemplo

Consideremos no desenvolvimento do exemplo que determinada empresa comercial adquira de outra empresa comercial 500 unidades de uma mercadoria Z, ao preço unitário de \$ 20,00, no valor total de \$ 10.000,00, com ICMS incluso de \$ 1.000,00.

Nessa situação, teremos o seguinte lançamento contábil:

	D	-	Estoques	9.000,00	
1	D	-	ICMS a Recuperar	1.000,00	
	C	-	Fornecedores		10.000,00

Estoques

Débito	Crédito
[1] 9.000,00	
9.000,00	0
9.000,00	

Fornecedores

Débito	Crédito
	10.000,00 [1]
	10.000,00
	10.000,00

ICMS a Recuperar

Débito	Crédito
[1] 1.000,00	
1.000,00	0
1.000,00	

Consideremos agora, que a empresa venda 300 unidades das mercadorias anteriormente adquiridas ao preço de \$ 50 cada uma. A venda totalizou \$ 15.000,00 e o ICMS incluso corresponde a \$ 1.500,00.

Neste caso teremos os seguintes lançamentos contábeis:

Venda da mercadoria

2	D	-	Contas a Receber	15.000,00	
	C	-	Venda de Mercadorias		15.000,00
2a	D	-	ICMS s/Vendas (CR)	1.500,00	
	C	-	ICMS Recolher		1.500,00
2b	D	-	CMV	5.400,00	
	C	-	Estoques		5.400,00

Estoques

Débito	Crédito
[1] 8.500,00	5.400,00 [2b]
8.500,00	5.400,00
3.100,00	

Venda de Mercadorias

Débito	Crédito
	15.000,00 [2]
0	15.000,00
	15.000,00

ICMS Recolher

Débito	Crédito
	1.500,00 [2a]
0	1.500,00
	1.500,00

ICMS s/Vendas (CR)

Débito	Crédito
[2a] 1.500,00	
1.500,00	0
1.500,00	

	Contas a Receber	
2	15.000,00	
	15.000,00	
	15.000,00	

	CMV	
2b	5.400,00	
	5.400,00	0
	5.400,00	

Não podemos esquecer que a empresa deverá, ao final do mês, fazer o encontro de contas entre o ICMS a recuperar e o ICMS a recolher.

Portanto, ao final do mês, teremos o seguinte lançamento:

2b	D - ICMS a Recolher	1.000,00	
	C - ICMS a Recuperar		1.000,00

5. ATIVIDADE PRÁTICA 6

Cia. Grego

A empresa acima foi constituída em 01.12.X1 e comercializa sapatos. No mês efetuou as operações adiante elencadas.

Com base nos eventos a seguir, elabore, na ordem o livro Diário das operações 1 a 6 e o livro Razão. Em seguida elabore o balancete de verificação. Se as colunas débito e crédito coincidirem, proceda ao encerramento das contas de resultado dando continuidade ao livro Diário e ao livro Razão, em seguida Elabore o Balanço Patrimonial e a Demonstração do Resultado do Exercício simplificada.

Eventos

1. Integralização do Capital Social no valor de R$ 100.000,00, depositado no banco.

2. Compra, a prazo, de mercadorias para revenda, sendo que na nota fiscal contam os seguintes dados:

- Valor da mercadoria (com ICMS incluso) R$ 3.000,00
- Valor do ICMS (R$ 3.000,00 x 18%) R$ 540,00
- Valor total da nota fiscal R$ 3.000,00

3. Compra de móveis e utensílios, à vista, via Bancos, no valor de R$ 8.000,00.

4. **Venda de 50%** das mercadorias, à vista, via Bancos, cuja nota fiscal apresenta os seguintes dados:

- Valor da mercadoria (com ICMS incluso)........ R$ 10.000,00
- Valor do ICMS (R$ 10.000,00 x 18%)................ R$ 1.800,00
- Valor total da nota fiscal...................................... R$ 10.000,00

5. Apure os saldos (a recuperar ou a pagar) do ICMS, e efetue os lançamentos contábeis das transferências.

6. Os salários do mês de dezembro/X1 serão pagos em janeiro/20X2

Capítulo 16

ASPECTOS INTRODUTÓRIOS À ANÁLISE DE BALANÇOS

As técnicas de análise de balanços, embora tenham suas limitações, são ferramentas gerenciais de grande importância.

São três as técnicas difundidas e aceitas como direcionadores de tomada de decisões nas empresas. Essas técnicas são:

a) análise horizontal
b) análise vertical
c) análise por meio de quocientes ou índices

1. ALGUNS CUIDADOS A SEREM TOMADOS PARA UMA BOA ANÁLISE DE BALANÇO

Para que a análise de balanços possa ser uma ferramenta útil na tomada de decisões das empresas, alguns cuidados básicos devem ser observados.

É de fundamental importância que os registros observem os princípios fundamentais de contabilidade. Aliado a isso, recomenda-se uma auditoria por empresa/profissional independente que convalide o trabalho realizado.

Recomenda-se, ainda, que a análise tenha como parâmetro, no mínimo, três períodos. Períodos menores do que esse para análise costumam propiciar interpretações equivocadas ou pouco reveladoras.

2. ANÁLISE HORIZONTAL (AH)

2.1 Finalidade

A análise horizontal tem como principal finalidade evidenciar o crescimento ou a redução de itens dos balanços e das demonstrações do resultado de diversos períodos. Essa análise mostra, claramente a tendência de evolução ou involução dos diversos itens das referidas demonstrações.

2.2 Característica da análise horizontal

A análise horizontal se caracteriza por alinhar as contas de balanços de dois ou mais períodos (recomendam-se, no mínimo, três períodos), e respectivas demonstrações do resultado do exercício referentes aos mesmos períodos.

A partir daí, tendo como base o período X1 (o primeiro deles), avalia-se a evolução ou involução patrimonial da empresa ao longo dos anos, até Xn (último período de análise).

2.3 Exemplo

Para exemplificar, consideremos que o CMV (custo das mercadorias vendidas) da Demonstração do Resultado do Exercício de determinada empresa para 20X1, 20X2 e 20X3, seja, respectivamente: R$ 20.000, R$ 30.000 e R$ 35.000

20X1		20X2		20X3		
R$	Base	R$	Base X1	R$	Base X1	Base X2
20.000	1	30.000	1,5	35.000	1,75	1,1667

I - Analise de 20X2

A análise comparativa entre 20X2 e 20X1 revela que o custo da mercadoria vendida de um ano para outro evoluiu 50% (1,5 – 1= 0,50 x 100 = 50%)

II- Analise de 20X3

Uma análise simplista em 20X3 revela que o CMV caiu, percentualmente, de um ano para outro.

A análise comparativa entre 20X3 e 20X2 mostra que houve um acréscimo no custo de 16,67% (1,1667 – 1 = 0,1667 x 100 = 16,67%).

Já a análise comparativa entre 20X3 e 20X1 mostra uma evolução do CMV da ordem de 75% (1,75 – 1 = 0,75 X 100 = 75%).

2.4 Comparação de valores positivos com valores negativos

O profissional, ao executar seu trabalho, frequentemente se depara com itens das demonstrações financeiras que se apresentam em determinado período com valor positivo; em outro, com valor negativo. São exemplos, no balanço, a conta lucros ou prejuízos acumulados e, na DRE, a linha resultado do exercício

O analista mais experiente, normalmente, não fica voltado somente para os índices ou percentuais apurados, mas, também, para a característica aritmética destes – ou seja, é fundamental verificar se o número é positivo ou negativo.

2.4.1 Exemplo

Para exemplificar, consideremos que a linha lucro/prejuízo de 20X1, 20X2 e 20X3 da Demonstração do Resultado do Exercício de determinada empresa se apresente com os seguintes valores, respectivamente: R$ 50.000 (lucro), R$ 3.000 (prejuízo) e R$ 5.000 (prejuízo)

Diante desses dados, teríamos:

20X1		20X2		20X3		
R$	**Base**	**R$**	**Base X1**	**R$**	**Base X1**	**Base X2**
40.000	1	-4.000	-0,1	-5.000	-0,125	1,25

I – Análise de 20X2/20X1

O que se verifica é que a empresa saiu de um lucro, em 20X1, de R$ 40.000, para um prejuízo de R$ 4.000, em 20X2. Para fins de determinação do índice, basta dividir o valor de 20X2 (no caso, prejuízo) por aquele apurado em 20X1 (no caso, lucro).

Feito isso, teremos:

$$\frac{-4.000}{40.000} = -0,1 \times 100 = -10\%$$

O que se observa do exposto é que houve uma queda de 110% nos lucros

Veja que 20X2 a empresa apresenta prejuízo de R$ 4.000 e, em 20X1, lucro de R$ 40.000. Desse modo, para se chegar ao percentual representativo da involução (queda) do lucro (110%), o valor apurado em X2 (-0,10) deve ser, obrigatoriamente, considerado com o seu sinal negativo. Ao subtrairmos dele o índice-base de 20X1 (1), obtém-se o percentual de involução (redução) do lucro (110%).

Assim:

$$-0,10 - 1 = -1,10 \times 100 = -110\%$$

II - Análise de 20X3/20X2/X1

Já em 20X3/20X2, a empresa apresentou prejuízos nos dois exercícios. O cálculo do índice, nesse caso, não requer nenhum cuidado muito especial. Contudo, deve-se ficar atento à interpretação a ser dada ao número apurado.

Uma análise simplista, mas objetiva, mostra que a situação da empresa está piorando, pois o prejuízo em 20X3, em relação ao 20X2, aumentou em 25%, conforme demonstrado a seguir:

$$\frac{-5.000}{-4.000} = 1,25 - 1 = 0,25 \quad x \quad 100 = 25\%$$

A análise feita comparando-se 20X3 com 20X1 revela uma queda nos lucros de 112,5%, isto porque em 20X3 a empresa apresentou prejuízo de R$ 5.000 (-) e, em 20X1, lucro de R$ 40.000 (+). O percentual de involução de 112,5% foi apurado da seguinte forma:

$$\frac{-5.000}{40.000} = 0,125\text{-}1\text{=}1,125 \quad x \quad 100 = 112,50\%$$

3. ANÁLISE VERTICAL (AV)

A análise vertical, também é vista como uma metodologia comparativa de grandezas, traduzida em percentagem.

Diferentemente da análise horizontal, na análise vertical é possível conceber, ainda que superficialmente, interpretações sobre a situação da empresa tendo como base apenas um período, pois o objeto primário dessa análise são as contas e/ou grupos de contas que compõem a demonstração (Balanço Patrimonial e/ou Demonstração do Resultado do Exercício).

Reiteramos, contudo, a importância de ser ter, para efeito de análise, no mínimo, 3 períodos

3.1 Algumas observações importantes

A análise vertical caracteriza-se por atribuir a um **valor de referência** das demonstrações financeiras a grandeza máxima de análise. Essa grandeza, normalmente, é expressa pelo percentual de 100%.

O **valor de referência** pode ser, no balanço patrimonial, o total do Ativo e o total do Passivo ou, ainda, o total dos grandes grupos de contas (no ativo, o total do circulante, o total do realizável a longo prazo, e o total do permanente; no passivo, o total do circulante, o total do exigível a longo prazo, o total dos resultados de exercício futuro e o total do patrimônio líquido.

Já na demonstração do resultado do exercício, normalmente, utiliza-se como valor de referência a receita operacional bruta.

3.2 Conclusões que podem ser obtidas com a análise vertical

Essa análise revela a importância de cada conta ou grupo de contas ou item no contexto da respectiva demonstração.

Com base nessa técnica, é possível verificar, por exemplo, se a empresa tende a aplicar seus recursos em bens do Ativo Imobilizado, no estoque ou, ainda, se o investimento está uniformemente distribuído entre as diversas contas que compõem o Ativo.

Segue exemplo de análise por grupo de contas do Balanço Patrimonial de uma determinada empresa que apresente os seguintes dados relativamente a X1:

ATIVO	31.12.20 X1	AV	PASSIVO	31.12.20 X1	AV
Circulante	24.000	48%	Circulante	12.500	25%
Não Circulante	26.000	62%	Não Circulante	11.500	23%
			PL	26.000	52%
TOTAL	50.000	100%	TOTAL	50.000	100%

Na determinação dos percentuais para fins de análise vertical basta dividir o valor do grupo objeto de análise pelo total do ativo ou passivo.

Exemplo:

O percentual para fins de análise do ativo circulante foi assim apurado:

$$\frac{\text{Circulante}}{\text{Ativo total}}$$

Portanto:

$$\frac{24.000}{50.000} = 0{,}5 \ \text{X} \ 100 = 48\%$$

4. ANÁLISE POR QUOCIENTES (AQ)

Já a análise por quocientes caracteriza-se pela relação entre contas ou grupos de contas do Balanço Patrimonial e/ou da Demonstração do Resultado do Exercício.

Exemplo 1 (quociente de liquidez corrente)

Consideremos os seguintes dados: Ativo Circulante = R$ 100.000; pelo Passivo Circulante = R$ 53.000

Desse modo, temos:

$$\text{Liquidez corrente} = \frac{\text{Ativo Circulante}}{\text{Passivo Circulante}}$$

$$\text{Liquidez corrente} = \frac{100.000,00}{53.000,00}$$

$$\text{Liquidez corrente} = \underline{1,89}$$

Neste exemplo, temos que o quociente de liquidez corrente corresponde a 1,89. Esse quociente revela que para cada R$ 1,00 de dívidas (Passivo Circulante) a empresa tem R$ 1,89 de Ativo Circulante.

Não necessariamente os quocientes são obtidos exclusivamente de uma única demonstração (do balanço ou da DRE).

Existem quocientes obtidos com dados tanto do balanço quanto da DRE.

Um exemplo é o quociente do giro do ativo (GA). Esse quociente é obtido dividindo-se as vendas líquidas (dado que consta da DRE) pelo Ativo Total (informação que consta do Balanço Patrimonial).

Exemplo 2 (quociente de giro do ativo)

No desenvolvimento do exemplo, consideremos que determinada empresa apresente em sua DRE vendas líquidas de R$ 60.000 e no seu balanço um ativo total de R$ 150.000.

Diante desses dados, teremos:

$$\text{Giro do ativo} = \frac{\text{Vendas líquidas}}{\text{Ativo total}}$$

$$\text{Giro do ativo} = \frac{60.000,00}{150.000,00}$$

$$\text{Giro do ativo} = 0,40$$

O que se observa do exemplo é que considerando-se um ciclo de 12 meses, a empresa “recupera” seu ativo a cada 30 meses.

Capítulo 17

TRIBUTAÇÃO DAS PESSOAS JURÍDICAS

A contabilidade sempre esteve intimamente ligada ao Fisco. Tanto isso é verdade que foi criado o SPED contábil (ver capítulo sobre o assunto), que permite uma fiscalização mais intensiva e eficiente por parte do poder público.

Deste modo, neste capítulo discorremos sobre alguns aspectos tributários que são de interesse daqueles que militam na área contábil/tributária.

1. CONTRIBUINTES DO IMPOSTO DE RENDA PESSOA JURÍDICA

São contribuintes do Imposto de Renda pessoa jurídica:

a) as pessoas jurídicas de direito privado domiciliadas no País, sejam quais forem seus fins, nacionalidade ou participantes no capital;
b) as filiais, sucursais, agências ou representações no País das pessoas jurídicas com sede no exterior;
c) os comitentes domiciliados no exterior, quanto aos resultados das operações realizadas por seus mandatários ou comissários no País;
d) as sociedades em conta de participação (por equiparação);
e) as empresas individuais.

2. FORMAS DE TRIBUTAÇÃO

Na prática, são quatro as modalidades de tributação pelo IRPJ: lucro real, lucro presumido, lucro arbitrado e Simples Nacional (esta modalidade de tributação engloba outros tributos, tais como PIS, Cofins e CSL).

2.1. Lucro real

É primordial que a pessoa jurídica tributada com base no lucro real mantenha escrituração comercial regular (contabilidade), além, é claro, do Livro de Apuração do Lucro Real (Lalur).

Em princípio, todas as pessoas jurídicas estariam sujeitas ao lucro real. Contudo, isso não é regra. A legislação do Imposto de Renda permite a opção por outras formas de tributação (lucro presumido, lucro arbitrado e Simples), mas apenas para algumas pessoas jurídicas.

Perante a legislação do Imposto de Renda, estão obrigadas à apuração do lucro real (portanto, não podem optar pela tributação com base no lucro presumido, tampouco pelo Simples) as pessoas jurídicas:

a) cuja receita total, no ano-calendário anterior, tenha sido superior ao limite de R$ 78.000.000,00 ou proporcional ao número de meses do período, quando inferior a 12 meses (ou seja, no caso de início de atividades no ano anterior, multiplica-se o número de meses de atividade por R$ 6.500.000,00);
b) cujas atividades sejam de bancos comerciais, bancos de investimentos, bancos de desenvolvimento, caixas econômicas, sociedades de crédito, financiamento e investimento, sociedades de crédito imobiliário, sociedades corretoras de títulos, valores mobiliários e câmbio, distribuidoras de títulos e valores mobiliários, empresas de arrendamento mercantil, cooperativas de crédito, empresas de seguros privados e de capitalização e entidades de previdência privada aberta;
c) que tenham lucros, rendimentos ou ganhos de capital oriundos do exterior
d) que, autorizadas pela legislação tributária, usufruam de benefícios fiscais relativos a isenção ou redução do imposto;
e) que, no decorrer do ano-calendário, efetuem pagamento mensal do Imposto de Renda pelo regime de estimativa;
f) que explorem as atividades de prestação cumulativa e contínua de serviços de assessoria creditícia, mercadológica, gestão de crédito, seleção e riscos, administração de contas a pagar e a receber, compras de direitos creditórios resultantes de vendas mercantis a prazo ou de prestação de serviços (*factoring*);

g) constituídas como Sociedade de Propósito Específico formada por microempresas e empresas de pequeno porte optantes pelo Simples Nacional (LC nº 123/2006, art. 56, na redação da LC nº 128/2008).

Desse modo, as pessoas jurídicas não enquadradas em quaisquer das restrições citadas em "a" a "g" podem optar pelo lucro presumido/arbitrado ou ainda pelo Simples, caso sejam preenchidos os demais requisitos para tal opção.

2.2. Lucro presumido

Trata-se de é uma forma simplificada de tributação admitida pela legislação tributária federal que agiliza e facilita a fiscalização das empresas e a cobrança do tributo, porque se dá através de percentuais de presunção do lucro.

A pessoa jurídica que optar pelo lucro presumido sempre terá lucro fiscal, e consequentemente, sempre haverá imposto a pagar. Para essas empresas não existe a figura do prejuízo fiscal, comum às tributadas com base no lucro real. Nesses casos, poderá ocorrer de a empresa pagar mais imposto do que deveria se comparado com aquele apurado com base na escrituração regular, ajustada pelas adições, exclusões e compensações prescritas na legislação do IR, ou seja, se tivesse optado pelo lucro real.

No lucro presumido, a base de cálculo do imposto, como o próprio nome diz, é apurada tendo como base percentuais de presunção de lucro fixados pela legislação, aplicados sobre a receita bruta da empresa. Integram a base de cálculo, ainda, outros valores, tal como o ganho de capital auferido na alienação de bens e direitos do Ativo Imobilizado.

3. ALÍQUOTA E ADICIONAL DO IMPOSTO DE RENDA

O art. 541 do RIR/1999 estabelece que a alíquota básica do Imposto de Renda Pessoa Jurídica é de 15%.

Por sua vez, o art. 542 do mesmo RIR estabelece que a parcela do lucro real, presumido ou arbitrado, que exceder o valor resultante da multiplicação de R$ 20.000,00 pelo número de meses do respectivo período de apuração, sujeita-se à incidência de adicional de imposto à alíquota de 10%.

Temos, ainda, que o adicional é devido, inclusive, pela pessoa jurídica optante pela estimativa mensal. Nesse caso, o adicional incide sobre a parcela da base de cálculo, apurada mensalmente, que exceder a R$ 20.000,00.

Lembra-se que o adicional é pago juntamente com o imposto devido à alíquota de 15%.

4. PIS/COFINS

A forma de tributação adotada pela pessoa jurídica influi diretamente na forma como ela vai recolher o PIS e a Cofins.

A tributação pelo lucro presumido impõe à pessoa jurídica a tributação do PIS e da Cofins pelo regime cumulativo.

Agora, a tributação com base no lucro real em muitos casos impõe à pessoa jurídica a adoção do regime não cumulativo para essas contribuições.

Ocorre, porém, que muitas vezes a pessoa jurídica está no lucro real e, por determinação legal, o PIS e a Cofins devem ser recolhidos no regime cumulativo. Um exemplo são as instituições financeiras. Embora obrigadas ao lucro real, o PIS e a Cofins são recolhidos com base no regime cumulativo.

As diferenças básicas entre regime cumulativo e regime não cumulativo são:

- Alíquotas (no regime cumulativo, as alíquotas são menores).
- Aproveitamento de crédito (somente as pessoas jurídicas no regime não cumulativo fazem jus)

No regime cumulativo, as alíquotas são:

- PIS: 0,65% sobre o faturamento
- Cofins: 3,00% sobre o faturamento

No regime não cumulativo as alíquotas são:

- PIS: 1,65% sobre a receita bruta, observadas as exceções da lei
- Cofins: 7,6% sobre a receita bruta, observadas as exceções da lei

Outro fator importante que difere o regime cumulativo do regime não cumulativo é o aproveitamento de créditos.

Quem está no regime não cumulativo pode aproveitar créditos quando da aqusição de mercadorias para revenda ou insumos utilizados no processo produtivo ou na prestação de serviços, entre outros itens permitidos pela legislação.

Apêndice

RESPOSTAS ÀS ATIVIDADES PROPOSTAS

ATIVIDADE PRÁTICA 1 – RESPOSTA

Títulos	Classificação
1. Salários a pagar	A
2. Dinheiro depositado em banco	A
3. Ações de outras companhias	A
4. Imposto de renda a pagar	A
5. Estoque de mercadorias	A
6. Máquinas e Equipamentos	A
7. Terrenos	A
8. Duplicatas a receber	A
9. Empréstimos bancários a pagar	P
10. Encargos sociais a pagar	P
11 . Patentes adquiridas	A
12. Lucros a pagar	P
13. Capital social	PL
14. Comissões a pagar	P
15. Equipamentos	A
16. Empréstimos concedidos a empregados	A
17. Títulos a receber	A
18. Aplicação financeira de curto prazo	A
19. Edifícios	A
20. Contas a pagar	A

ATIVIDADE PRÁTICA 2 – RESPOSTA

Empresa A

ATIVO	$	PASSIVO	$
Aplicações Financeiras	2.600	Contas a Pagar	600
Banco Conta Movimento	800	Impostos a Recolher	1.000
Máquinas	600		
Veículos	800		
		Total do passivo exigível	**1.600**
		Patrimônio líquido	**3.200**
TOTAL	**4.800**	**TOTAL**	**4.800**

Empresa B

ATIVO	$	PASSIVO	$
Aplicações em Fundo Fixo	400	Duplicatas a Pagar	1.400
Caixa	200	Salários a Pagar	1.400
Duplicatas a Receber	800		
Imóveis	600		
Veículos	800	**Total do passivo exigível**	**2.800**
		Patrimônio líquido	**0**
TOTAL	**2.800**	**TOTAL**	**2.800**

Empresa C

ATIVO	$	PASSIVO	$
Banco Conta Movimento	800	Contas de Consumo a Pagar	200
Contas a Receber	400	Empréstimos a Pagar	400
Instalações	400	Fornecedores	1.800
Máquinas	600	ICMS a Recolher	600
Mercadorias	400	**Total do passivo exigível**	**3.000**
		Patrimônio líquido	**-400**
TOTAL	**2.600**	**TOTAL**	**2.600**

ATIVIDADE PRÁTICA 3 – RESPOSTA

LIVRO DIÁRIO

Nº	Lançamento	Débito	Crédito
1	D - Caixa	100.000,00	
	C - Capital social		100.000,00
2	D - Terrenos	60.000,00	
	C - Contas a Pagar		60.000,00
3	D - Móveis e Utensílios	15.000,00	
	C - Caixa		15.000,00
4	D - Computadores	8.000,00	
	C - Contas a Pagar		8.000,00
5	D - Bancos Conta Movimento	50.000,00	
	C - Empréstimos a pagar		50.000,00
6	D - Contas a pagar	3.000,00	
	C - Caixa		3.000,00
7	D - Caixa	30.000,00	
	C - Capital social		30.000,00
8	D - Estoque (peças para reparos)	80.000,00	
	C - Caixa		80.000,00

LIVRO RAZÃO

Caixa

1	100.000,00	15.000,00	3
7	30.000,00	3.000,00	6
	130.000,00	18.000,00	
	112.000,00		

Capital Social

		100.000,00	1
		30.000,00	7
		130.000,00	

Terrenos

2	60.000,00		

Contas a Pagar

5	3.000,00	60.000,00	2
		8.000,00	4
	3.000,00	68.000,00	
		65.000,00	

Móveis e Utensílios

3	15.000,00		

Empréstimos a Pagar

		50.000,00	5

Computadores

4	8.000,00		

Bancos Conta Movimento	
5 50.000,00	

BALANÇO PATRIMONIAL

ATIVO	**245.000,00**
Caixa	112.000,00
Bancos Conta Movimento	50.000,00
Terrenos	60.000,00
Móveis e Utensílios	15.000,00
Computadores	8.000,00
TOTAL DO ATIVO	**245.000,00**
PASSIVO	
Contas a Pagar	65.000,00
Empréstimos a Pagar	50.000,00
Patrimônio Líquido	**130.000,00**
Capital Social	130.000,00
TOTAL DO PASSIVO	**245.000,00**

ATIVIDADE PRÁTICA 4 – RESPOSTA

LIVRO DIÁRIO			
1	D - Caixa	17.000,00	
	C - Capital Social		17.000,00
2	D - Despesa com Materiais	5.000,00	
	C - Caixa		5.000,00
3	D - Despesas com Impostos e Taxas	1.000,00	
	C - Caixa		1.000,00
4	D - Caixa	14.000,00	
	C - Receita de Serviços		14.000,00
5	D - Máquinas e Equipamentos de Informática	6.000,00	
	C - Contas a Pagar		6.000,00
6	D - Caixa	7.000,00	
	C - Receita de Serviços		7.000,00
7	D - Despesas com Salários	3.000,00	
	C - Caixa		3.000,00
8	D - Despesas com Aluguel	6.000,00	
	C - Caixa		6.000,00

LIVRO RAZÃO

Caixa

	Débito	Crédito	
1	17.000,00	5.000,00	2
4	14.000,00	1.000,00	3
6	7.000,00	3.000,00	7
		6.000,00	8
	38.000,00	15.000,00	
	23.000,00		

Capital Social

	Débito	Crédito	
		17.000,00	1
		17.000,00	
		17.000,00	

Receita de Serviços

	Débito	Crédito	
		14.000,00	4
		7.000,00	6
	0	21.000,00	
		21.000,00	

Máquinas e Equipamentos de Informática

	Débito	Crédito
5	6.000,00	
	6.000,00	0
	6.000,00	

Contas a Pagar

Débito	Crédito	
	6.000,00	5
0	6.000,00	
	6.000,00	

Despesa com Materiais

	Débito	Crédito
2	5.000,00	
	5.000,00	0
	5.000,00	

Despesas com Salários

	Débito	Crédito
7	3.000,00	
	3.000,00	0
	3.000,00	

Despesas com Aluguel

	Débito	Crédito
8	6.000,00	
	6.000,00	0
	6.000,00	

Despesas com Impostos e Taxas

	Débito	Crédito
3	1.000,00	
	1.000,00	0
	1.000,00	

Cia. Nova Era
CNPJ Nº 11.111.111/001-11
Balance de verificação em ....

CONTA	Saldo	
	Devedor	**Credor**
Caixa	23.000,00	
Máquinas e Equipamentos de Informática	6.000,00	
Capital Social		17.000,00
Contas a Pagar		6.000,00
Receita de Serviços		21.000,00
Despesa com Materiais	5.000,00	
Despesas com Aluguel	6.000,00	
Despesas com Impostos e Taxas	1.000,00	
Despesas com Salários	3.000,00	
Total	**44.000,00**	**44.000,00**

LANÇAMENTOS DE ENCERRAMENTO

9	D - Receita de Serviços	21.000,00	
	C - Apuração do Resultado do Exercício (CR)		21.000,00

10	D - Apuração do Resultado do Exercício (CR)	15.000,00	
	C - Despesa com Materiais		5.000,00
	C - Despesas com Salários		3.000,00
	C - Despesas com Aluguel		6.000,00
	C - Despesas com Impostos e Taxas		1.000,00

LIVRO RAZÃO

Caixa

1	17.000,00	5.000,00	2
4	14.000,00	1.000,00	3
6	7.000,00	3.000,00	7
		6.000,00	8
	38.000,00	15.000,00	
	23.000,00		

Capital

		17.000,00	1
		17.000,00	
		17.000,00	

Receita de Serviços

	21.000,00	14.000,00	4
		7.000,00	6
	21.000,00	21.000,00	
		0	

Máquinas e Equipamentos

5	6.000,00		
	6.000,00	0	
	6.000,00		

Contas a

		6.000,00	5
	0	6.000,00	
		6.000,00	

Despesa com Materiais

2	5.000,00	5.000,00	
	5.000,00	5.000,00	
	0		

Despesas com Salários

7	3.000,00	3.000,00	
	3.000,00	3.000,00	
	0		

Despesas com Aluguel

8	6.000,00	6.000,00	
	6.000,00	6.000,00	
	0		

Despesas com Impostos

3	1.000,00	1.000,00	
	1.000,00	1.000,00	
	0		

Apuração do Resultado

10	15.000,00	21.000,00	9
	15.000,00	21.000,00	
		6.000,00	

LANÇAMENTO DE TRANSFERÊNCIA DO RESULTADO APURADO PARA A CONTA DO PATRIMÔNIO LÍQUIDO

11	D -	Apuração do Resultado do Exercício	6.000,00	
	C -	Lucros ou Prejuízos Acumulados		6.000,00

LIVRO RAZÃO

Caixa

	Débito	Crédito	
1	17.000,00	5.000,00	2
4	14.000,00	1.000,00	3
6	7.000,00	3.000,00	7
		6.000,00	8
	38.000,00	15.000,00	
	23.000,00		

Capital Social

	Débito	Crédito	
		17.000,00	1
		17.000,00	
		17.000,00	

Receita de Serviços

	Débito	Crédito	
	21.000,00	14.000,00	4
		7.000,00	6
	21.000,00	21.000,00	
		0	

Máquinas e Equipamentos de Informática

	Débito	Crédito
5	6.000,00	
	6.000,00	0
	6.000,00	

Contas a Pagar

Débito	Crédito	
	6.000,00	5
0	6.000,00	
	6.000,00	

Despesa com Materiais

	Débito	Crédito
2	5.000,00	5.000,00
	5.000,00	5.000,00
	0	

Lucros ou Prejuízos Acumulados

Débito	Crédito	
	6.000,00	11
0	6.000,00	
	6.000,00	

Despesas com Salários

	Débito	Crédito
7	3.000,00	3.000,00
	3.000,00	3.000,00
	0	

Despesas com Aluguel

	Débito	Crédito
8	6.000,00	6.000,00
	6.000,00	6.000,00
	0	

Despesas com Impostos e Taxas

	Débito	Crédito
3	1.000,00	1.000,00
	1.000,00	1.000,00
	0	

Apuração do Resultado do Exercício

	Débito	Crédito
	15.000,00	21.000,00
11	6.000,00	
	21.000,00	21.000,00
		0

Balanço Patrimonial Levantado em ... Cia Nova Era CNPJ Nº 11.111.111/0001-11			
ATIVO		**PASSIVO**	
Caixa	23.000,00	Contas a Pagar	6.000,00
		Total do Circulante	**6.000,00**
		Capital Social	17.000,00
Total do	**23.000,00**	Lucros ou Prejuízos Acumulados	**6.000,00**
Máquinas	6.000,00	**Total do patrimônio Líquido**	**23.000,00**
Total do	**6.000,00**		
TOTAL	**29.000,00**	**TOTAL DO PASSIVO**	**29.000,00**

Demonstração do Resultado do Exercício em ... Cia Nova Era CNPJ Nº 11.111.111/0001-11		
Receitas		
Receita de Serviços		21.000,00
Despesas		
Despesa com Materiais	-5.000,00	
Despesas com Salários	-3.000,00	
Despesas com Aluguel	-6.000,00	
Despesas com Impostos e Taxa	-1.000,00	-15.000,00
Lucro do Exercício		6.000,00

ATIVIDADE PRÁTICA 5 – RESPOSTA

LIVRO DIÁRIO

		Débito	Crédito
1	D - Caixa	80.000,00	
	C - Capital social		80.000,00
2	D - Bancos Conta Movimento	56.000,00	
	C - Caixa		56.000,00
3	D - Veículos	40.000,00	
	C - Contas a pagar		40.000,00
4	D - Seguros a Apropriar	3.000,00	
	C - Bancos Conta Movimento		3.000,00
5	D - Bancos Conta Movimento	8.000,00	
	C - Receita de Serviços		8.000,00
6	D - Contas a Receber	9.000,00	
	C - Receita de Serviços		9.000,00
7	D - Contas a pagar	9.000,00	
	C - Bancos Conta Movimento		9.000,00
8	D - Despesas com Salários	6.000,00	
	C - Salários a pagar		6.000,00
9	D - Despesas com Seguros	250,00	
	C - Seguros a Apropriar		250,00

LIVRO RAZÃO

Caixa

	Débito	Crédito	
1	80.000,00	56.000,00	2
	80.000,00	56.000,00	
	24.000,00		

Capital social

Débito	Crédito	
	80.000,00	1
	80.000,00	
	80.000,00	

Receita de Serviços

Débito	Crédito	
	8.000,00	5
	9.000,00	6
0	17.000,00	
	17.000,00	

Bancos Conta Movimento

	Débito	Crédito	
2	56.000,00	3.000,00	4
5	8.000,00	9.000,00	7
	64.000,00	12.000,00	
	52.000,00		

Contas a pagar

	Débito	Crédito	
7	9.000,00	40.000,00	3
	9.000,00	40.000,00	
		31.000,00	

Despesas com Salários

	Débito	Crédito
8	6.000,00	
	6.000,00	0
	6.000,00	

Veículos

	Débito	Crédito
3	40.000,00	
	40.000,00	
	40.000,00	

Salários a pagar

Débito	Crédito	
	6.000,00	8
0	6.000,00	
	6.000,00	

Despesas com Seguros

	Débito	Crédito
9	250	
	250	0
	250	

Seguros a Apropriar

	Débito	Crédito	
4	3.000,00	250	9
	3.000,00	250	
	2.750,00		

Apuração do Resultado do Exercício

Débito	Crédito
0	0
	0

Contas a Receber

	Débito	Crédito
6	9.000,00	
	9.000,00	0
	9.000,00	

Cia. Start CNPJ Nº 11.111.111/001-11 Balance de verificação em 31.08.X1		
CONTA	**Saldo**	
	Devedor	**Credor**
Caixa	24.000,00	
Bancos Conta Movimento	52.000,00	
Veículos	40.000,00	
Seguros a Apropriar	2.750,00	
Contas a Receber	9.000,00	
Capital social		80.000,00
Contas a pagar		31.000,00
Salários a pagar		6.000,00
Receita de Serviços		17.000,00
Despesas com Salários	6.000,00	
Despesas com Seguros	250	
Total	**134.000,00**	**134.000,00**

Como se verifica, os saldos devedores e credores coincidem. Portanto, diante das contas de resultado apresentadas, teremos os seguintes lançamentos de encerramento:

LANÇAMENTOS DE ENCERRAMENTO

10	D -	Receita de Serviços	17.000,00	
	C -	Apuração do Resultado do Exercício (CR)		17.000,00
	D -	Apuração do Resultado do Exercício (CR)	6.250,00	
11	C -	Despesas com Salários		6.000,00
	C -	Despesas com Seguros		250,00

Após os lançamentos de encerramento (Lançamentos 10 e 11), o livro razão teria a seguinte configuração:

LIVRO RAZÃO

Caixa

	Débito	Crédito	
1	80.000,00	56.000,00	2
	80.000,00	56.000,00	
	24.000,00		

Capital social

	Débito	Crédito	
		80.000,00	1
		80.000,00	
		80.000,00	

Receita de Serviços

	Débito	Crédito	
10	17.000,00	8.000,00	5
		9.000,00	6
	17.000,00	17.000,00	
		0	

Bancos Conta Movimento

	Débito	Crédito	
2	56.000,00	3.000,00	4
5	8.000,00	9.000,00	7
	64.000,00	12.000,00	
	52.000,00		

Contas a pagar

	Débito	Crédito	
7	9.000,00	40.000,00	3
	9.000,00	40.000,00	
		31.000,00	

Despesas com Salários

	Débito	Crédito	
8	6.000,00	6.000,00	
	6.000,00	6.000,00	11
	0		

Veículos

	Débito	Crédito	
3	40.000,00		
	40.000,00		
	40.000,00		

Salários a pagar

	Débito	Crédito	
		6.000,00	8
	0	6.000,00	
		6.000,00	

Despesas com Seguros

	Débito	Crédito	
9	250	250	
	250	250	
	0		

Seguros a Apropriar

	Débito	Crédito	
4	3.000,00	250	9
	3.000,00	250	
	2.750,00		

Apuração do Resultado do Exercício

	Débito	Crédito	
	6.250,00	17.000,00	10
	6.250,00	17.000,00	
		10.750,00	

Contas a Receber

	Débito	Crédito	
6	9.000,00		
	9.000,00	0	
	9.000,00		

Verifica-se que na conta "Apuração do Resultado do Exercício", apresenta saldo credor, o que revela que as operações da empresa resultaram em lucro. No entanto, esse valor precisa ser incorporado ao patrimônio da empresa, devendo figurar no balanço patrimonial.

Portanto, referido valor deve ser alocado na conta "Lucros ou Prejuízos Acumulados", por meio de lançamento, conforme segue.

LANÇAMENTO DE TRANSFERÊNCIA DO RESULTADO APURADO PARA A CONTA DO PATRIMÔNIO LÍQUIDO

12	D - Apuração do Resultado do Exercício (CR)	10.750,00	
	C - Lucros ou Prejuízos acumulados (PL)		10.750,00

Após esse lançamento (12), o livro Razão apresentar-se-á da seguinte forma:

LIVRO RAZÃO

Caixa

1	80.000,00	56.000,00	2
	80.000,00	56.000,00	
	24.000,00		

Capital social

		80.000,00	1
		80.000,00	
		80.000,00	

Receita de Serviços

10	17.000,00	8.000,00	5
	17.000,00	17.000,00	
		0	

Bancos Conta Movimento

2	56.000,00	3.000,00	4
5	8.000,00	9.000,00	7
	64.000,00	12.000,00	
	52.000,00		

Contas a pagar

7	9.000,00	40.000,00	3
	9.000,00	40.000,00	
		31.000,00	

Despesas com Salários

8	6.000,00	6.000,00	
	6.000,00	6.000,00	11
	0		

Veículos

3	40.000,00		
	40.000,00		
	40.000,00		

Salários a pagar

		6.000,00	8
	0	6.000,00	
		6.000,00	

Despesas com Seguros

9	250	250	
	250	250	
	0		

Seguros a Apropriar

4	3.000,00	250	9
	3.000,00	250	
	2.750,00		

Lucros ou Prejuízos acumulados (PL)

		10.750,00	12
	0	10.750,00	
		10.750,00	

Apuração do Resultado do Exercício

	6.250,00	17.000,00	10
12	10.750,00		
	17.000,00	17.000,00	
		0	

Contas a Receber

6	9.000,00		
	9.000,00	0	
	9.000,00		

Após o encerramento do exercício, o balanço patrimonial e a DRE serão apresentas da seguinte forma:

Balanço Patrimonial Levantado em 31 de agosto de 20x1 **Cia Star** **CNPJ Nº 11.111.111/0001-11**			
ATIVO		**PASSIVO**	
Caixa	24.000,00	Contas a Pagar	31.000,00
Bancos C	52.000,00	Salários a Pagar	6.000,00
Contas a	9.000,00	**Total do Circulante**	**37.000,00**
Seguros a	2.750,00	Capital Social	80.000,00
Total do	**87.750,00**	Lucros ou Prejuízos acumulados	**10.750,00**
Veículos	40.000,00	**Total do patrimônio Líquido**	**90.750,00**
Total do	**40.000,00**		
TOTAL	**127.750,00**	**TOTAL DO PASSIVO**	**127.750,00**

Demonstração do Resultado do Exercício em 31.08.20x1 **Cia Start** **CNPJ Nº 11.111.111/0001-11**		
Receitas		
Receita de serviços		17.000,00
Despesas		
Despesas com Salários	-6.000,00	
Despesas com Seguros	-250,00	-6.250,00
Lucro do Exercício		10.750,00

ATIVIDADE PRÁTICA 6 – RESPOSTA

LIVRO DIÁRIO

1	D -	Bancos Conta Movimento	100.000,00	
	C -	Capital Social		100.000,00
2	D -	Estoque	2.460,00	
	D -	ICMS a Recuperar	540	
	C -	Contas a Pagar		3.000,00
3	D -	Móveis e Utensílios	8.000,00	
	C -	Bancos Conta Movimento		8.000,00
4	D -	Bancos Conta Movimento	10.000,00	
	C -	Receita de Venda de Mercadorias		10.000,00
4a	D -	ICMS s/vendas (CR)	1.800,00	
	C -	ICMS a Recolher		1.800,00
4b	D -	Custo das Mercadorias Vendidas	1.230,00	
	C -	Estoques		1.230,00
5	D -	ICMS a Recolher	540	
	C -	ICMS a Recuperar		540
6	D -	Despesas com Salários	2.500,00	
	C -	Salários a Pagar		2.500,00

LIVRO RAZÃO

Bancos Conta Movimento

1	100.000,00	8.000,00	3
4	10.000,00		
	110.000,00	8.000,00	
	102.000,00		

Capital Social

		100.000,00	1
		100.000,00	
		100.000,00	

Receita de Venda de Mercadorias

		10.000,00	4
	0	10.000,00	
		10.000,00	

Estoque

2	2.460,00	1.230,00	4b
	2.460,00	1.230,00	
	1.230,00		

Contas a Pagar

		3.000,00	2
	0	3.000,00	
		3.000,00	

ICMS s/vendas (CR)

4a	1.800,00		
	1.800,00	0	
	1.800,00		

ICMS a Recuperar

2	540,00	540,00	5
	540,00	540,00	
	0		

ICMS a Recolher

5	540,00	1.800,00	4a
	540,00	1.800,00	
		1.260,00	

Custo das Mercadorias Vendidas

4b	1.230,00		
	1.230,00	0	
	1.230,00		

Móveis e Utensílios

3	8.000,00		
	8.000,00	0	
	8.000,00		

Salários a Pagar

		2.500,00	6
	0	2.500,00	
		2.500,00	

Despesas com Salários

6	2.500,00		
	2.500,00	0	
	2.500,00		

Cia. ... CNPJ Nº 11.111.111/001-11 Balance de verificação em		
CONTA	**Saldo**	
	Devedor	**Credor**
Bancos Conta Movimento	102.000,00	
Estoque	1.230,00	
ICMS a Recuperar	0	
Capital Social		100.000,00
Contas a Pagar		3.000,00
ICMS a Recolher		1.260,00
Salários a Pagar		2.500,00
Receita de Venda de Mercadorias		10.000,00
ICMS s/vendas (CR)	1.800,00	
Custo das Mercadorias Vendidas	1.230,00	
Despesas com Salários	2.500,00	
Móveis e Utensílios	8.000,00	
Total	**116.760,00**	**116.760,00**

LANÇAMENTOS DE ENCERRAMENTO

7	D -	Receita de Venda de Mercadorias	10.000,00	
	C -	Apuração do Resultado do Exercício		10.000,00
8	D -	Apuração do Resultado do Exercício	5.530,00	
	C -	ICMS s/vendas (CR)		1.800,00
	C -	Custo das Mercadorias Vendidas		1.230,00
	C -	Despesas com Salários		2.500,00

LIVRO RAZÃO

Bancos Conta Movimento

	Débito	Crédito	
1	100.000,00	8.000,00	3
4	10.000,00		
	110.000,00	8.000,00	
	102.000,00		

Capital Social

	Débito	Crédito	
		100.000,00	1
		100.000,00	
		100.000,00	

Receita de Venda de Mercadorias

	Débito	Crédito	
7	10.000,00	10.000,00	4
	10.000,00	10.000,00	
		0	

Estoque

	Débito	Crédito	
2	2.460,00	1.230,00	4b
	2.460,00	1.230,00	
	1.230,00		

Contas a Pagar

	Débito	Crédito	
		3.000,00	2
	0	3.000,00	
		3.000,00	

ICMS s/vendas (CR)

	Débito	Crédito	
4a	1.800,00	1.800,00	8
	1.800,00	1.800,00	
	0		

ICMS a Recuperar

	Débito	Crédito	
2	540	540	5
	540	540	
	0		

ICMS a Recolher

	Débito	Crédito	
5	540	1.800,00	4a
	540	1.800,00	
		1.260,00	

Custo das Mercadorias Vendidas

	Débito	Crédito	
4b	1.230,00	1.230,00	8
	1.230,00	1.230,00	
	0		

Móveis e Utensílios

	Débito	Crédito	
3	8.000,00		
	8.000,00	0	
	8.000,00		

Salários a Pagar

	Débito	Crédito	
		2.500,00	6
	0	2.500,00	
		2.500,00	

Despesas com Salários

	Débito	Crédito	
6	2.500,00	2.500,00	8
	2.500,00	2.500,00	
		0	

Apuração do Resultado do Exercício

Débito	Crédito
5.530,00	10.000,00
5.530,00	10.000,00
	4.470,00

LANÇAMENTO DE TRANSFERÊNCIA DO RESULTADO APURADO PARA A CONTA DO PATRIMÔNIO LÍQUIDO

9	D -	Apuração do Resultado do Exercício	4.470,00	
	C -	Lucros ou Prejuízos Acumulados		4.470,00

LIVRO RAZÃO

	Bancos Conta Movimento		
1	100.000,00	8.000,00	3
4	10.000,00		
	110.000,00	8.000,00	
	102.000,00		

	Capital Social		
		100.000,00	1
		100.000,00	
		100.000,00	

	Receita de Venda de Mercadorias		
7	10.000,00	10.000,00	4
	10.000,00	10.000,00	
		0	

	Estoque		
2	2.460,00	1.230,00	4b
	2.460,00	1.230,00	
	1.230,00		

	Contas a Pagar		
		3.000,00	2
	0	3.000,00	
		3.000,00	

	ICMS s/vendas (CR)		
4a	1.800,00	1.800,00	8
	1.800,00	1.800,00	
	0		

	ICMS a Recuperar		
2	540	540	5
	540	540	
	0		

	ICMS a Recolher		
5	540	1.800,00	4a
	540	1.800,00	
		1.260,00	

	Custo das Mercadorias Vendidas		
4b	1.230,00	1.230,00	8
	1.230,00	1.230,00	
	0		

	Móveis e Utensílios		
3	8.000,00		
	8.000,00	0	
	8.000,00		

	Salários a Pagar		
		2.500,00	6
	0	2.500,00	
		2.500,00	

	Despesas com Salários		
6	2.500,00	2.500,00	8
	2.500,00	2.500,00	
		0	

	Lucros ou Prejuízos Acumulados		
		4.470,00	9
	0	4.470,00	
		4.470,00	

	Apuração do Resultado do Exercício		
	5.530,00	10.000,00	
9	4.470,00		
	10.000,00	10.000,00	
		0	

Balanço Patrimonial Levantado em ... Cia. ... CNPJ Nº 11.111.111/0001-11			
ATIVO		**PASSIVO**	
Bancos Conta Movimento	102.000,00	Contas a Pagar	3.000,00
Estoque	1.230,00	ICMS a Recolher	1.260,00
		Salários a Pagar	**2.500,00**
		Total do Circulante	**6.760,00**
Total do Circulante	**103.230,00**	Capital Social	**100.000,00**
Móveis e Utensílios	8.000,00	Lucros ou Prejuízos Acumulados	**4.470,00**
Total do Não Circulante	**8.000,00**	**Total do Patrimônio Líquido**	**104.470,00**
TOTAL DO ATIVO	**111.230,00**	**TOTAL DO PASSIVO**	**111.230,00**

Demonstração do Resultado do Exercício em ... Cia. ... CNPJ Nº 11.111.111/0001-11		
Receitas		
Receita de Serviços		10.000,00
Despesas		
ICMS s/vendas (CR)	-1.800,00	
Custo das Mercadorias Vendidas	-1.230,00	
Despesas com Salários	-2.500,00	
		-5.530,00
Lucro do Exercício		4.470,00